マンガでわかる

社会学

栗田　宣義／著
嶋津　蓮／作画
トレンド・プロ／制作

Ohmsha

社会学を活かそう
—まえがきに代えて—

本書を手に取ってくださった読者の皆様、ありがとうございます。

本書はマンガを用いたわかりやすい社会学入門書です。社会学は関係の視点から集まりとしての社会を研究する科学です。アヤ、リナ、サキ、ユカの４人が読者の皆様を社会学の世界へ誘います。社会学は大学で学ぶ専門領域であると同時に、現代社会を生きるすべての人びとに有用な生きた科学ですから、マンガと解説文を通じて、ぜひ多くの皆様のお役に立てればと思います。そして、特に役立てて欲しい人びとやその場面を以下に記しました。まえがきに代えて、本書のめざす目的を知っていただければ幸いです。

１）商品やサービスの開発・宣伝・販売に活かす

広告代理店やメーカーの企画・開発部では、社会学の方法を用いています。マーケティング（市場調査）や広告の有用性を測る効果研究というかたちで、新しい価値と規範に応えるたとえばスマートフォンなど情報家電に代表される新商品やサービスの開発や売れゆきの確認、効果のある広告や宣伝などに活用しています（価値と規範は第１章で学びます）。

２）放送局や新聞社で活かす

放送局や新聞社などは社会学の方法を活かした大規模な世論調査やその応用としてのパネル調査（同一被調査者への追跡調査）を実施しています。世論調査は地位、役割、相互行為の集積である世の中のかたちと動きを、多くの人びとがニュース報道や新聞記事によって的確に知るための有用なツールです。世論調査によって人びとの意見と態度の正確な姿が把握できるのです（相互行為は第２章で、地位と役割は第３章で学びます）。

３）政治や行政に活かす

世論調査は政治や行政にも活かされることになります。有権者や住民が自分たちの代表を選挙する民主政治を続ける以上、世論を無視した強行策を政府や自治体はとりえません。世論調査で示された賛成意見と反対意見の比率は、政権担当者が進める政策や準備した法案・条例への追い風にもなるし、向かい風にもなります。世論調査は社会の行き先、すなわち社会変動を示すバロメータでもあり羅針盤でもあるのです（社会変動は第４章で学びます)。

4）ボランティアや抗議に活かす

少数派や弱者を救済するボランティアや抗議の視点からの政策提言にも、社会学は大いに役立ちます。マーケティング、効果研究、世論調査、パネル調査などは、商品、サービス、政策を成功させるためだけではなく、社会を逐次モニターし、自己反省と浄化を促す方法でもあるからです。公的機関や企業の怠慢、腐敗、不正を発見し、それに批判を加え、対案を示すことは社会学の重要な役目です。フェミニストによる女性の権利擁護、教育現場の改善、医療過誤からの救済、エコロジストによる原発事故責任の告発と内部被曝への警告といったさまざまな場で、抗議と救済を続けてきた無数かつ無名の市民たち、いわば良心的支援者たちは、社会学が本来的に有している公権力への対抗的視点と理想郷、あるいはより望ましい社会を建設する社会運動の担い手なのです（社会運動は第４章で学びます)。

5）いまここで社会学を活かす

恋愛と結婚、夫婦生活と不倫、離婚と再婚、異性愛と同性愛、レイプとストーカーといったジェンダーとセクシュアリティにかかわる、誰もが関心のある問題群も、社会学によって理解、分析し、解決の糸口を見つけることができます。また、いじめや不登校、コミュニティや友人づくりといった学校や若者集団にかかわる身近な問題群にも応用可能なのは言うまでもありません。むしろ、日常生活への社会学の還元と応用こそ、社会から生まれ、社会の自己意識ともいえる社会学の、最も有意義な利用形態といえます。人間は群れで生きるための器《うつわ》として社会を発明し、その器の原料かつ接着剤として規範と価値を生産してきました。規範と価値は多くの苦難と不自由の原因であると同時に、ほとんどの幸福を構築する源でもある両義的な存在です。しかしながら、どのような時代、空間であっても、その規範と価値が唯一、最善というわけでは決してなく、どこかに、より望ましい状態への芽が、必ず吹き出しています(ジェンダーとセクシュアリティは第６章で学びます)。

この社会を理解、分析する手がかりは本書中の随所にあります。それらを活かし、より望ましい社会（ユートピアと言い換えてもよいかもしれません）への芽を探しに、身近な場所から始まる社会学の冒険に旅立ちましょう。

最後に、作画の嶋津蓮様とトレンド・プロの皆様に謹んで御礼申し上げます。素敵なマンガがなければ本書は成立しなかったでしょう。遡ること、愚猫小生への励まし役であるオーム社開発部の編集者の方に出会ったのが2008年の初春です。それから４年半が経ち、ようやく上梓にこぎ着けることができました。編集を担当してくださった開発部の皆様には、執筆中の難所急所で何度もお世話になりました。そして、お忙しい中、拙稿に目を通して頂いた立教大学社会学部の松本康先生、ありがとうございました。『マンガでわかる社会学』の真の生みの親である皆様に本書を捧げます。

2012年11月

栗田　宣義

目次

付　録：社会調査の方法 195

第1章

規　範

1.1 社会学ってなんだろう？

ぽつん…
独りぼっちで学食で
食事をとるなんて
精神的拷問も
今日で最後
カチャ…
大学デビューの
失敗から
もう２年…
ウィッグ
アヤでーーっす！
どんびき
なたあれ…
一カ月前から
準備してたのに…
思えばあれから親友と
呼べる友だちもいなかった…
だけど
今日からは
違う！
ガタン
さようなら今までのわたし
タッ
タッ
こんにちは新しいわたし

こ、こんにちは サキちゃん…
…こんにちは
あ、あのさ わたしのこと知ってるよね ほら、同じゼミの
アヤさん
そう！ よかった 覚えていてくれて
覚えているわ 毎週顔合わせているから
そ、そうだよね でもわたし影薄いからさ あはは

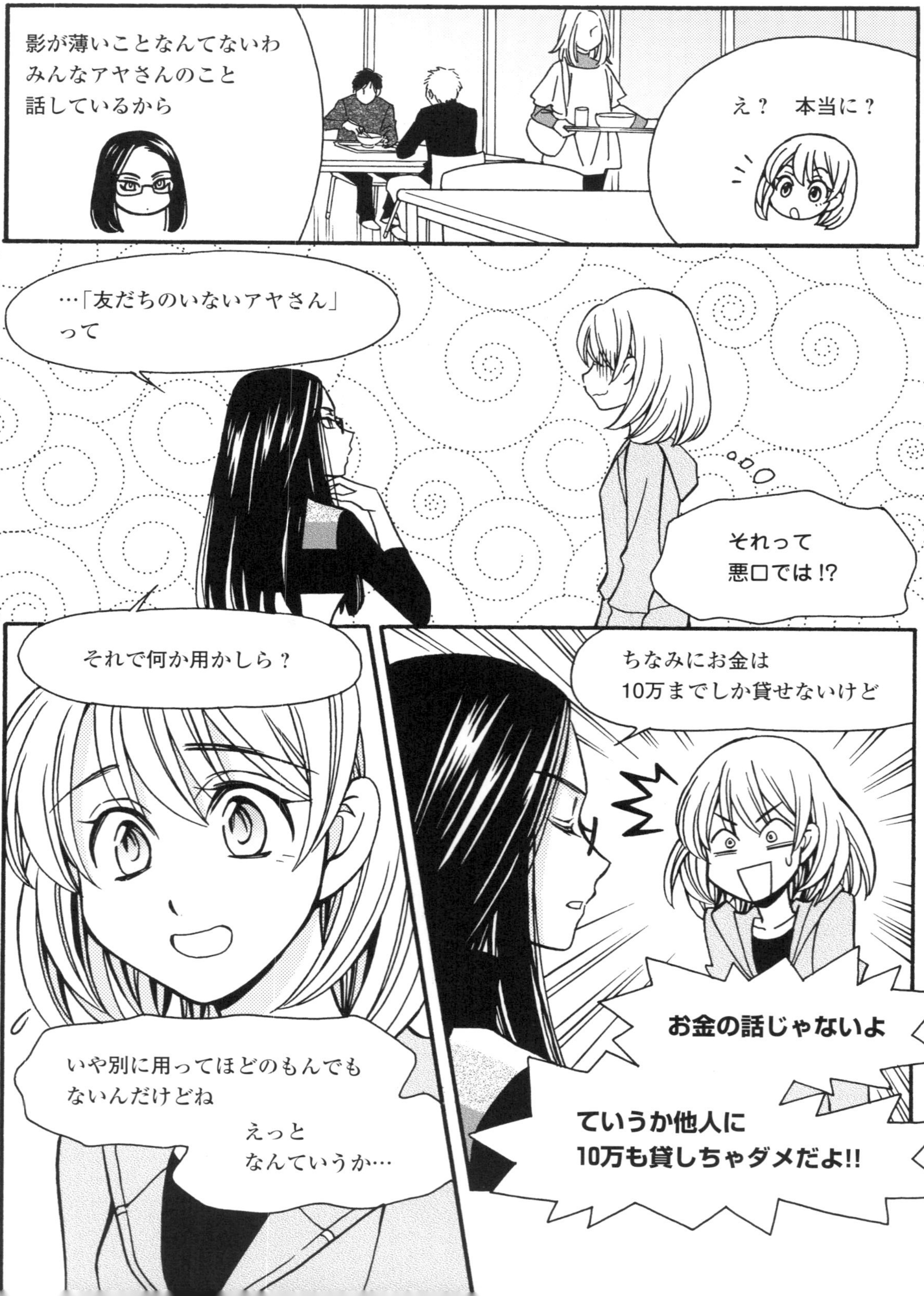
影が薄いことなんてないわ
みんなアヤさんのこと
話しているから
え？　本当に？
…「友だちのいないアヤさん」
って
それって
悪口では!?
それで何か用かしら？
いや別に用ってほどのもんでも
ないんだけどね
えっと
なんていうか…
ちなみにお金は
10万までしか貸せないけど
お金の話じゃないよ
ていうか他人に
10万も貸しちゃダメだよ!!

この後ゼミでしょ
だから
あの
一緒に行けたらなあ
と思って
お金の話以外でアヤさんが
話しかけてくるなんて…衝撃
へぇ そうなの
わたし、サキちゃんに
何だと思われているんだろう…
断ってもわたしが
ショック受けるだけよ！
嫌そうな顔!?
断ると後が怖そうだから
お受けするけど
内心ではかなり嫌ね
なんて
すでにかなりのショックを
受けてるけどね！
まぁ、いいわ
あなた
面白そうだし
でも、もう１人
一緒に行く人が
いるけど
いいかしら？

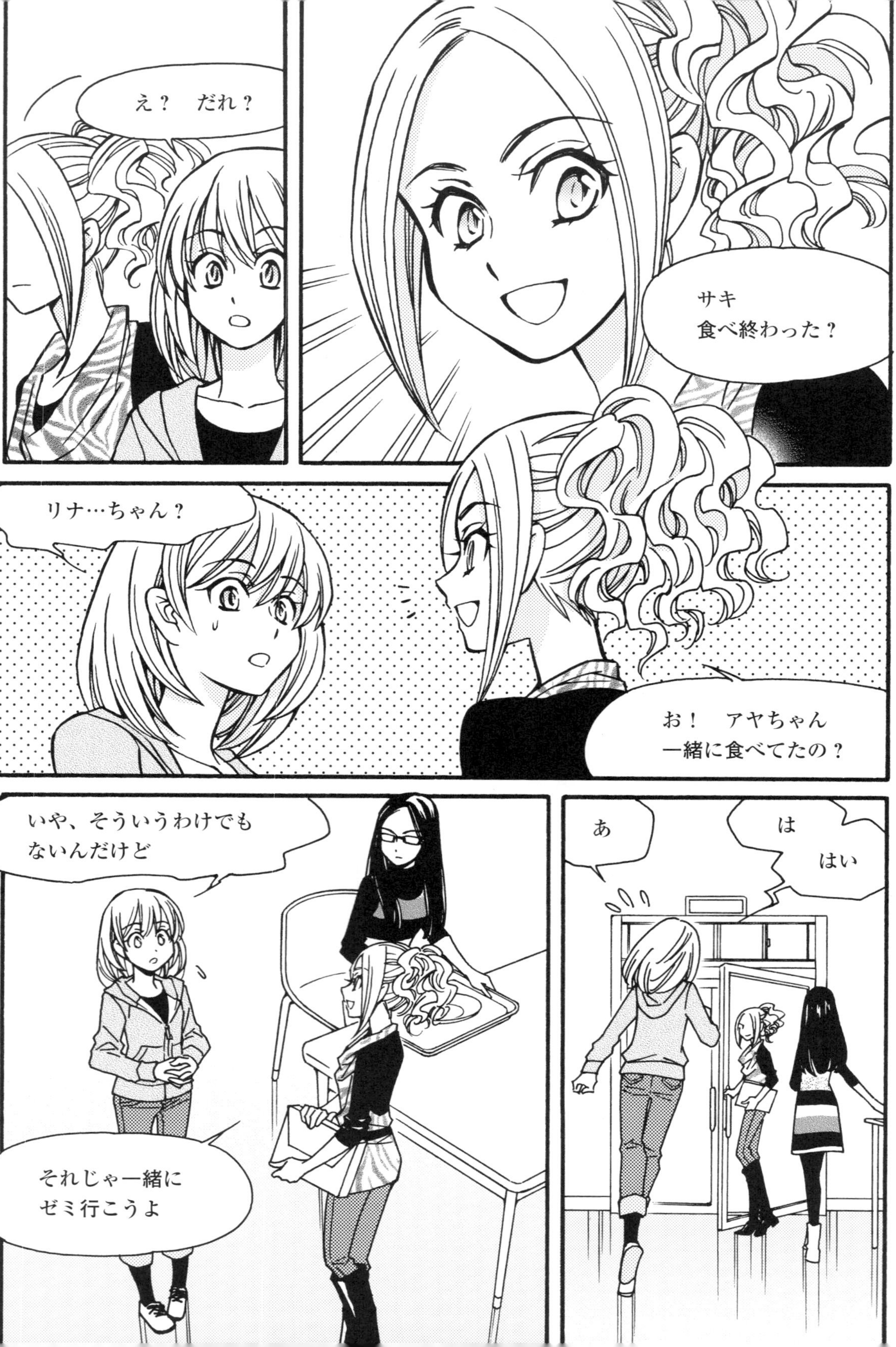
え？　だれ？
サキ
食べ終わった？
リナ…ちゃん？
お！　アヤちゃん
一緒に食べてたの？
いや、そういうわけでも
ないんだけど
それじゃ一緒に
ゼミ行こうよ
あ
は
はい

〜〜〜で
〜〜〜となり
友だちナシ仲間だと
思ってたサキちゃんに
まさか友だちがいたとは…
しかもゼミの中でも友だち多い人
ランキングトップのリナちゃんが
友だちだなんて
ゼミが終わったら
暇？
それじゃ２人は
同じ高校だったの？
ガタン
ゴトン
うん、サキに誘われて
社会学部を選んだんだよ
え――!?
コクコク

ないない
リナは 天然社会学娘 だから
天然 社会学娘？
そう、リナは 社会学の申し子
神から社会学という 能力を与えられた 奇跡の子なのよ
なんかさ サキが言うには わたしに友だちが 多いのって
社会学的に 適切な行動を しているから らしいんだよね
え？ 社会学と 友だちの数に 関係があるの？
どうだろう？ わたしはそんなこと 全然意識したことないけど

そもそも社会学とは
どんなものか説明
できるかしら？
社会についての
学問！
そのまんまだね
まあ、リナの言っていることは
間違いではないわ
もう少し説明するなら
社会学（sociology）とは
こういうことよ
関係（relation）の視点から
集まり（gathering）としての
社会（society）を研究する
科学（science）
関係って人と人の
つながりを言うのかな
あと集まりは
複数の人びとの集まりと
いうことだろうし
それを研究するのが社会学
なんとなくは
わかるけど…
今の時点では
そのくらいの理解で
十分よ
そうそう、そういうことが
言いたかったの
本当かな…？

1.2 フォークウェイズとモーレス

♪シャカ♪
シャカ
ミャカ♪♪
シャカ
フォークウェイズの違反ね
ぼそっ
え？
何か言った？
あなたの悪口は
言ってないから安心して
いやそれは
疑ってないよ
フォークウェイズって言わなかった？
へー、わたしはそんな
難しそうな言葉聞いたこともないよ
１年のとき、大学の講義で
習ったはずよ
ビシ!!

あー、フォークウェイズね
はいはい、パンにはさんで食べると美味しいアレだ
リナ、わからないことをわからないと認める勇気も大切よ
ぷかぷか
１ミクロンも覚えてございません教えてください
仕方ないわね
フォークウェイズ（folkways）とは毎日の生活のなかでの約束ごと
あ、ちょっと思い出した
アメリカの社会学者、サムナー（Sumner, William Graham 1840-1910）の用語だっけ？
そう、サムナーの言葉を借りれば
フォークウェイズとは欲求を充足させようとする努力から生まれた個人の習慣（habit）であり社会の慣習（custom）である

たとえば電車の中で
ヘッドホンから音が漏れていたら
気になるからお互いに
迷惑をかけないように
気をつけあう
こういうお互いの意識の
中にあるルールや決まりごとが
フォークウェイズよ
フォークウェイズは
法律や条例には
定められていなくても
お互いが気持ちよく
暮らすために
守るべきものなんだよね
そう、フォークウェイズは
それに従うことによって
利益を得たり
不都合が少なくなったり
することによって
より生活がしやすくなるため
人びとに共有され固定化、そして
定型化された行動様式の
ことを指すわ
アヤちゃん、ちゃんと
覚えてるんだ
すごいなー
えへへ…
わたし今ものすごく
友だちっぽい会話を
自然にしてる！
きてる！　これは
流れがきてるよ！

◆ モーレス

ドア開きます
プシュ
あっ！
カシャッ
どうかした？
今おじさんが
わたしたちの写真を
撮ってた！
え⁉
気持ち悪～い！
わたしを撮ると、よく「アレ」が
写りこんじゃうんだけど
大丈夫かしら
え⁉
アレ…⁉

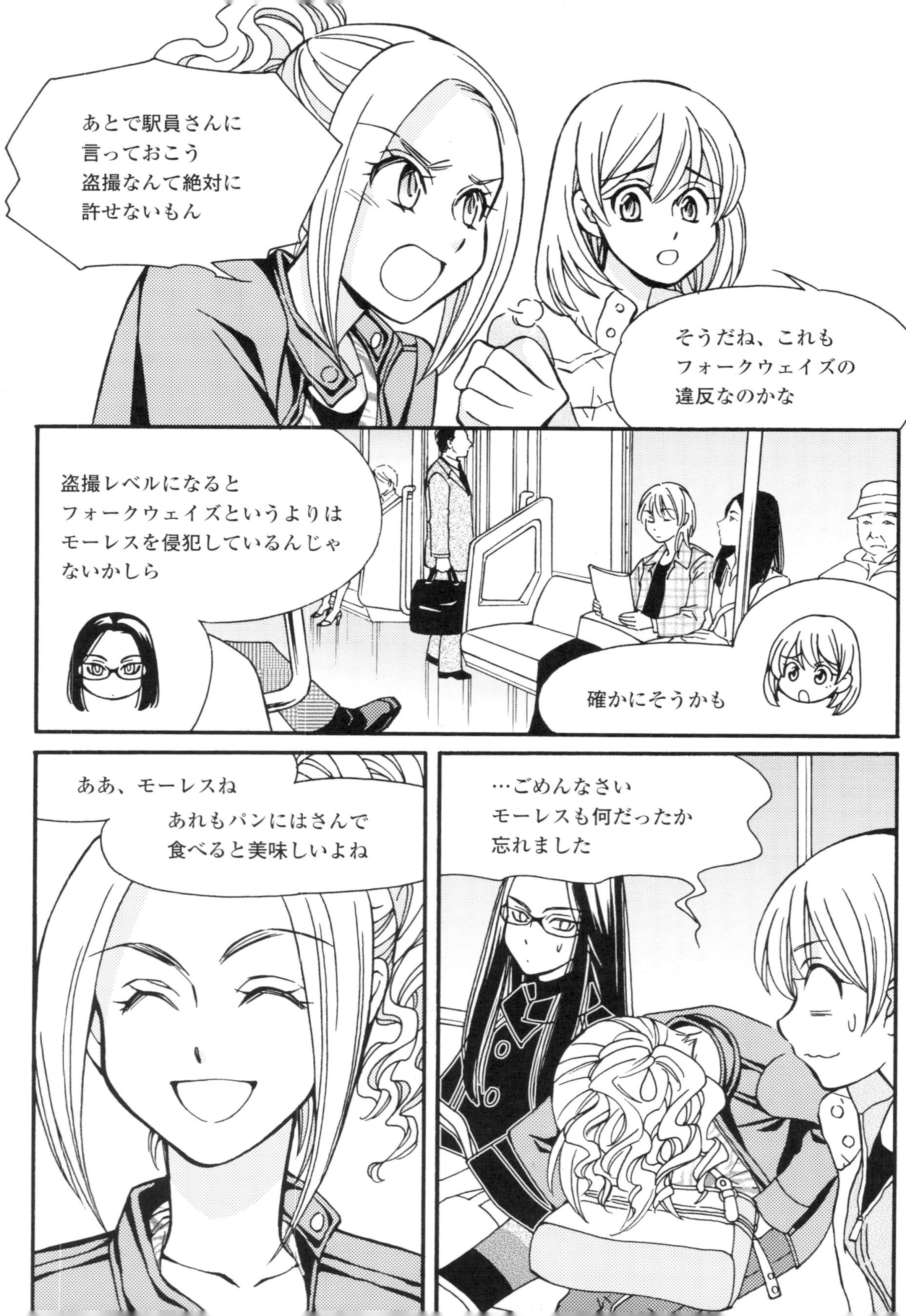
あとで駅員さんに言っておこう
盗撮なんて絶対に許せないもん
そうだね、これもフォークウェイズの違反なのかな
盗撮レベルになるとフォークウェイズというよりはモーレスを侵犯しているんじゃないかしら
確かにそうかも
ああ、モーレスね
あれもパンにはさんで食べると美味しいよね
…ごめんなさい
モーレスも何だったか忘れました

モーレスは
フォークウェイズの
中の最上位の
ルールや決まり
モーレス
フォーク
ウェイズ
つまり
規範（norm）
だよ
サムナーが言うには
「真実と正しさという要素が、
福利という教義にまで発展」し、
「社会全体の福利に係わる
哲学的かつ倫理的な一般化を
含んでいるフォークウェイズ」
がモーレス（mores）よ
簡単に言えば
個人や共同体の利益が大きく
損なわれることを防ぐ
特に守らなくちゃいけない
ルールのことね
モーレスの侵犯は共同体に
深刻な被害をもたらすから
法律のかたちで
その遵守を国家や
地域社会から要請
されることも多いわ
それなら盗撮は
絶対に
モーレスの侵犯だよ
ヘッドホンから
音が漏れるのとは
わけが違うもん
盗撮を
許していたら
みんな安心して
外も歩けないよね

盗撮はそもそも
犯罪だけど
それとは別に
モーレスの侵犯は
一般社会の段階で
制裁を受けることに
なるわ
ああ、確かに
周囲の信頼を一気に失くしたり
侮蔑されたり、時には
リンチ(lynching　私刑と訳すこともある)
にあうことすらあるよね
制裁の厳しさが
フォークウェイズとは
全然違うよ
モーレスを
侵犯するようなことって
ほとんど犯罪だから
厳罰もしかたないかな
法律に違反している
わけでもないけど
モーレスを侵犯
するような場合も
あるわよ
あ！　浮気とか？
さすがリナ、色恋沙汰に
関する察しはいいわね
浮気って別に犯罪じゃないけど
しちゃったら周りの人から
非難されるよね
それがモーレスを侵犯したことに
対する制裁ってことか

そうね
他には学校内の
カンニングなども
法律違反ではないけど
モーレスの侵犯よ
退学や停学
単位の没収などの
制裁が与えられるわ
なるほど
全部のモーレスが
法律で裁かれる
わけじゃないんだね
フォークウェイズと
その最上位であり
特殊形態のモーレス
こういった規範が
わたしたちの生活を
定型化しているのよ
規範か
あまり意識したこと
ないけど
わたしたちの生活に
根づいてるんだね
あ、次の駅で
降りるよ
募金お願い
しまーす

困っている人のために
募金するなんて
アヤちゃんは偉いね
いやあ
それほどでも
善行を積めば友だちが
できるかもしれない、と
思ってるなんて言えない…
わたしも募金箱に
「十分ご縁があるように」と
15円を入れるようにしているわ
それお賽銭と
間違えてない？
募金もフォークウェイズの
１つね
禁じることだけが
規範ではないわ
え？　フォークウェイズっていうのは
みんなに迷惑をかけないための
規範なんじゃないの？
余裕があれば人を助けなさい
というのもフォークウェイズの
１つよ

その考えだとお年玉とかも
フォークウェイズだよね
お年玉の場合
新年を祝う歳神信仰に
おける儀礼が起源で
人助けがもとではないわ
それでも人びとの生活に
定着したフォークウェイズで
あることには違いないけどね
昔は歳神信仰の儀礼が
みんなのためだって
信じられていたのかもしれないけど
今のお年玉にそんな意味は
なくなってるよ？
それでもフォークウェイズ
として残ってるのって
おかしいんじゃないの？
今じゃただのお小遣い
みたいなもんだもんね
そこがフォークウェイズの
面白いところね
一度根づいた
フォークウェイズは
伝統（tradition）として残り、
そのかたちは
なかなか変わらないの
儀式としての意味は
なくなったけど
フォークウェイズの
かたちだけが
残ってるってことか

フォークウェイズって歴史のあるものなんだね
人びとが共同生活を始めるとそこにフォークウェイズが生まれ
そのフォークウェイズの中でも特に正しいと思えるものがモーレスになったの
きっと今の社会の道徳とか倫理もフォークウェイズと宗教とかが混ざって生まれたものなんだね
サムナーは、こう言っているわ
処世術、生活上の方策、正しさ諸権利、道徳はすべてフォークウェイズの産物である
道徳だけじゃなくて、処世術も？

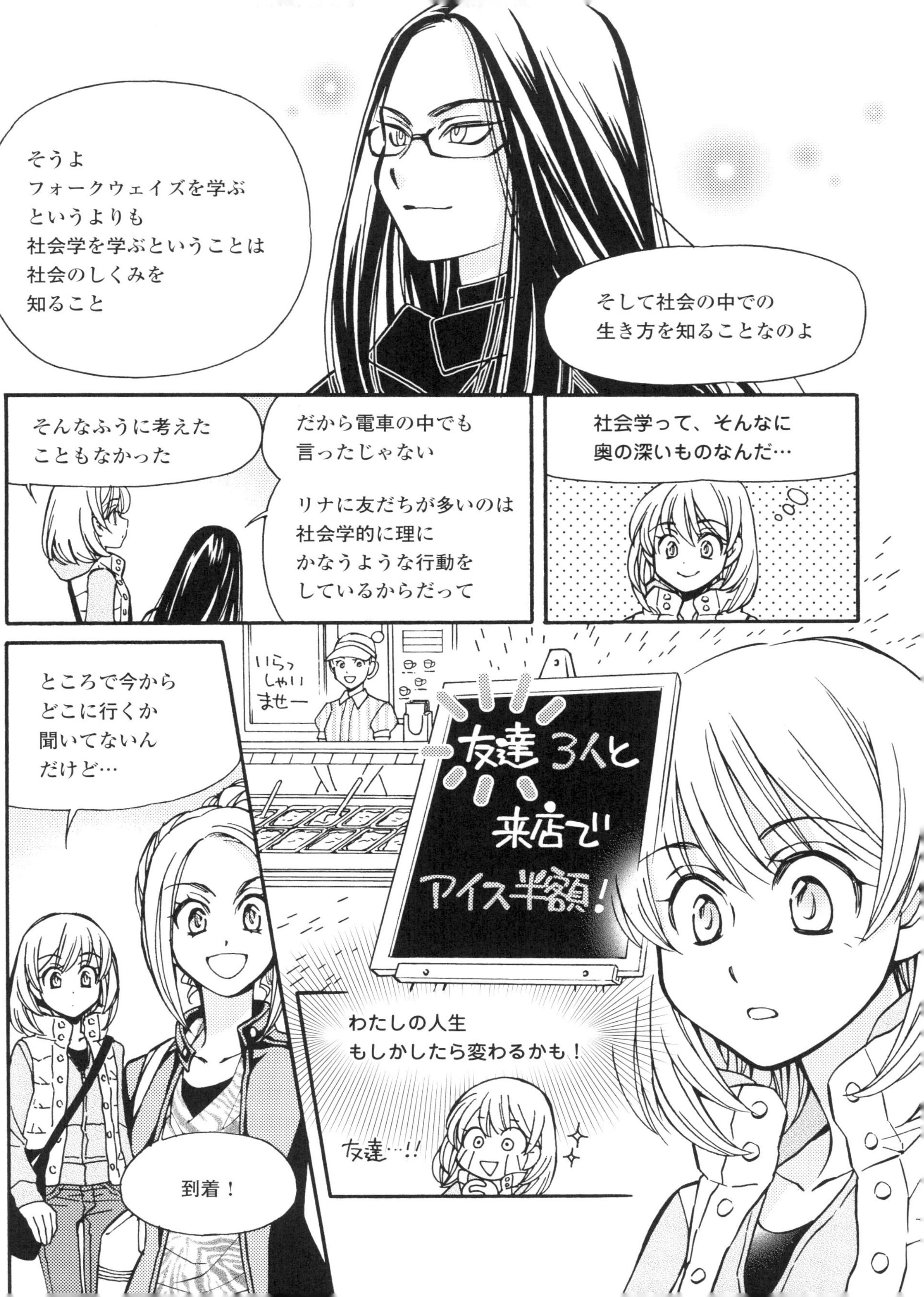
そうよ
フォークウェイズを学ぶ
というよりも
社会学を学ぶということは
社会のしくみを
知ること
そして社会の中での
生き方を知ることなのよ
そんなふうに考えた
こともなかった
だから電車の中でも
言ったじゃない
リナに友だちが多いのは
社会学的に理に
かなうような行動を
しているからだって
社会学って、そんなに
奥の深いものなんだ…
ところで今から
どこに行くか
聞いてないん
だけど…
いらっしゃいませー
友達3人と
来店で
アイス半額！
わたしの人生
もしかしたら変わるかも！
友達…!!
到着！

フォローアップ

1.3　フォークウェイズとモーレスを復習しよう

■ 個人の習慣、社会の慣習としてのフォークウェイズ

フォークウェイズ（folkways　習俗と訳すこともある）とは、19世紀の後半から20世紀の始めにかけて活躍したアメリカの社会学者サムナー（Sumner, William Graham 1840-1910）の用語です。「フォークウェイズは、欲求を充足させようとする努力から生まれた個人の習慣（habit）であり、社会の慣習（custom）である」とサムナーはいいます（Sumner 1906/1959：p.vi）。フォークウェイズに従うことで利益を得たり、不都合が少なくなることによって、より生活がしやすくなります。つまり、人びとに共有され固定化、そして定型化された行動様式のことなのです。端的に言えば、毎日の生活のなかでの約束ごとを意味しています。

電車・バスなど多くの乗客で混雑する公共交通機関を例にしましょう。車内では、雑誌や新聞を読んだり、メールを打つだけでも周囲の人を不快にさせる場合があります。音楽プレーヤーから漏れるわずかな音楽でさえ気になるのに、ましてや車内でメイクするなど、化粧品や香水の香りも漂わせてしまうことになり、周囲の乗客に違和感以上の迷惑を与えます。通勤通学ラッシュなどでの苦痛や不快感を少しでも減らすために、お互いに迷惑にならないよう行いを慎む、という個人の習慣、かつ社会の慣習が長い時間をかけて醸成されてきたわけで、車内でのメイクや仲間内の大騒ぎなどは、法律や条令で禁止されてはいないものの、フォークウェイズへの違反であることは確かです。

■ それを破ればただではすまされない厳しい掟、モーレス

モーレス（mores【ラテン語】、習律と訳すこともある）とは、それを破ればただではすまされない厳しい掟のことです。フォークウェイズの中で、より重要なものを指しています。共同体の皆にとって正しいことであり、それを破ることは人びとの幸福を奪い、共同体の利益を大きく損ねると信じられていて、当然、何らかのサンクション（sanction　賞罰と訳すこともある）つまり制裁を受けることになります。サムナーによれば、「真実と正しさという要素が、福利という教義にまで発展」し、「社会全体の福利に係わる哲学的か

つ倫理的な一般化を含んでいるフォークウェイズ」としてモーレスは定義されています(Sumner 1906/1959：p.35)。

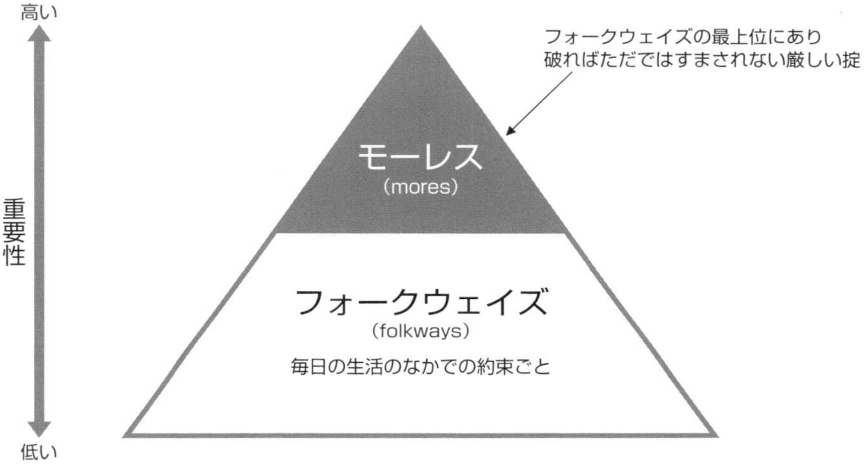

図1.1 ● フォークウェイズとモーレス

盗撮は、被写体となる人の承諾を得ることなく隠れて、場合によっては暴力を伴い、無理やりに写真やビデオ撮影をすることです。スカート内の盗撮、顔や姿の無断撮影など、多くの場合、女性を性的対象として貶《おとし》め、一方的に欲求充足を果たしたいという反社会的願望がその背景に存在しています。他者の容貌や身体をみだりに眺めたりすることや、盗み撮りが放置されるようでは、到底、街中を安心して歩いたり、生活したりすることができなくなります。のぞきや盗撮など、私的領域もしくは性的領域への侵入と蹂躙《じゅうりん》は、不正で不実な行いというのみならず、個人の幸福と公共の福祉に反しています。

現代日本において、のぞきや盗撮は明らかに法律違反ですが、国家が介入する刑事罰云々以前の市民社会の段階で、モーレスの侵犯として厳しい制裁を受けることとなります。共同体において大切な掟を破った者は、周囲からの信頼を失くし、その結果として、職を失ったり、離別されたり、軽蔑の対象にもなるでしょう。時には、袋叩きなどリンチ（lynching　私刑と訳すこともある）にあう可能性さえあります。制裁の厳しさが守られるべきモーレスの重大さと深刻さを間接的に示しているわけです。伝統社会での村落共同体の掟などはモーレスに相当し、交際や取引等を絶つ村八分はモーレスを侵犯した家への制裁に相当します。

■ 人びとの行いを定型化する規範としてのフォークウェイズ

公共交通機関でのメイク、大騒ぎ、そして盗撮も、規範を破っているという点では同じでしょう。規範（norm）とは、人びとの行いを定める規準のことです。

規範としてのフォークウェイズは、人びとの行いを定型化します。公共交通機関ではお互いに迷惑にならないよう行いを慎むことのほかにも、買い物をするときにレジで一列に並ぶ、募金や義援金活動には快く応じる、年長者を敬う、などもフォークウェイズにあたります。それらはフォークウェイズのほんの一部に過ぎません。世の中には、その社会や集団の歴史を反映し、「無意識的、自然発生的で、不揃いな」数多のフォークウェイズで満ちあふれています（Sumner 1906/1959：p.19）。個人としての習慣であり、社会としての慣習に発展し、固定化そして定型化された行いである多種多様なフォークウェイズは、それを守ることによって共同の利益をもたらし、社会成員が便利に暮らせるようになる働きがあるのです。

■ 不合理もしくは伝統的要素を含むフォークウェイズ

自然発生的に生み出されてきたと考えられるフォークウェイズは、社会成員の利便性を高め、快適な共同生活を営むことに役立ちます。しかしながら、古くからの習わしも含んでいるために、今の時代には不合理、もしくは形骸化していることも含まれているのです。不合理、もしくは形骸化したフォークウェイズは、時代の変化に対応していない伝統的慣習としての因習（convention　因襲と記すこともある）でもあります。

たとえば正月のお年玉の風習や、お中元、お歳暮といった贈答の習慣などは、それに近い位置にあります。お年玉はかつて年賜、もしくは歳魂と記し、食品や物品をふるまうことで新年を祝う歳神信仰による儀礼としての意味がありましたが、現代のお年玉は現金のふるまいに変化し、祝儀としての宗教色は少し薄れて子どもや年少者にとって、うれしいお小遣いに転じています。

フォークウェイズはいったん形成されると、なかなか変わりにくく、人びとの行いを定型化する社会的な慣習としての働きを遺憾なく発揮します。両親や親族にとって、子どもや年少者へのお年玉の支出がつらいものであったとしても、これは容易になくなりません。大人や年長者の立場からすれば、お年玉はむしろないほうが合理的かもしれません。親戚や近隣からもらったわが子のお年玉を回収し、教育資金や結婚資金、さらに、よその子どもに与えるお年玉のために転用する親が相当数いることも情報番組などで聞きます。これらの例は、そこまでしても従うべきだとみなされているフォークウェイズの、伝統としての力の強さを教えてくれます。

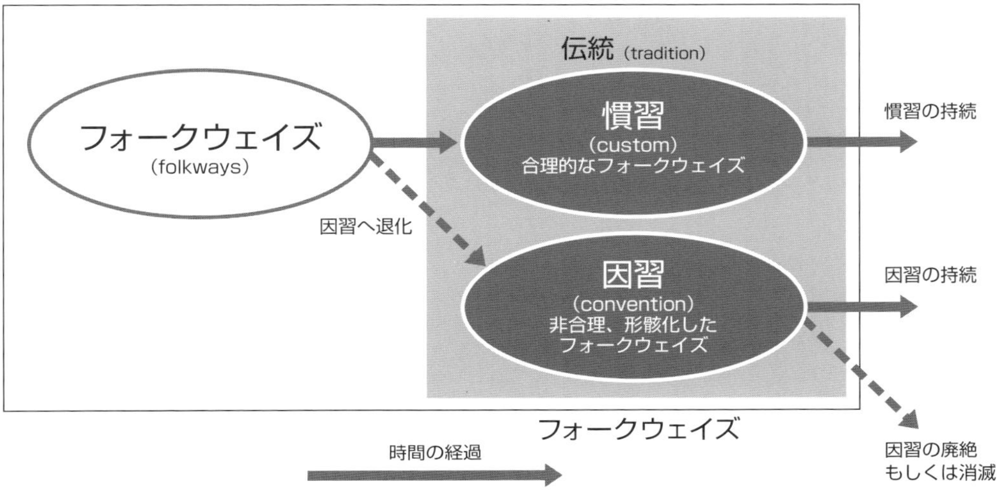

図1.2 ● フォークウェイズの持続と変化

■ モーレスはフォークウェイズの最上位にある

フォークウェイズは、違反しても、ただ奇妙な目で見られたり、注意を受けたりする程度で、受ける罰があったとしても軽いことが多いでしょう。公共交通機関でのメイクなどがそうです。また、お年玉の場合であれば、お年玉を出し渋る親戚や年長者は「ケチな大人だなぁ」という印象を子どもたちに与えるものの、それだけで大きな不評を買ったり、仲間はずれにされることもないはずです。

それに対して、モーレスは、破ればただではすまされない厳しい掟です。盗撮に加えて、レイプ、放火、強盗、殺人などはモーレス侵犯の最たるものでしょう。殺してはならない、傷つけてはならない、盗んではならないといった禁止もしくは命令でモーレスは表現することができます。モーレスは「その大部分は、行ってはいけないことを指し示したタブーから成る」からです（Sumner 1906/1959：p.30）。時代や空間の違いに依存しやすい多種多様なフォークウェイズに比べて、モーレスは言語、宗教、文化の違いを越えて、歴史上いつの時代でも共通することが多いのです。強姦、火付け、盗み、人殺しが奨励される社会は、戦時や混乱時など特殊状況を除けばまずありえないでしょう。そして、モーレスの侵犯はメンバーに重大で深刻な被害をもたらすために、法律（law）といったかたちで、その遵守を国家や地域社会から要請されることが多く、破った者は司法の手を経て、負のサンクションとしての刑罰（punishment）で戒められます。

法律では咎《とが》められないけれども、その侵犯が重大かつ深刻とされるモーレスもあります。校内試験での不正行為には、退学や停学、単位の没収などの負のサンクションが科せられます。また、現代日本では浮気や不倫に刑罰が科されることはありませんが、当事者間では人生を変えるほど大きな問題となるでしょう。

個人の習慣、社会の慣習という点ではモーレスはフォークウェイズに含まれますが、モーレスはフォークウェイズの最上位かつ特殊形態であり、その遵守が人びとの幸福と社会全体の福祉に利するから「正しいのだ」という強固な信念と、それを担保する厳しい制裁によって特徴づけられます。

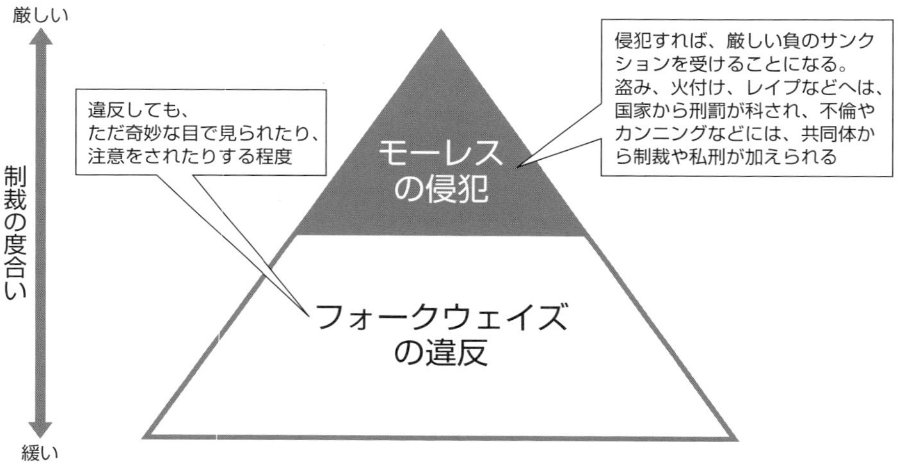

厳しい
制裁の度合い
緩い
違反しても、
ただ奇妙な目で見られたり、
注意をされたりする程度
侵犯すれば、厳しい負のサンクションを受けることになる。
盗み、火付け、レイプなどへは、国家から刑罰が科され、不倫やカンニングなどには、共同体から制裁や私刑が加えられる
モーレスの侵犯
フォークウェイズの違反

図1.3 ● フォークウェイズの違反とモーレスの侵犯

■ フォークウェイズとモーレスから、法律や道徳へ

人びとの共同生活の中で自然発生的に醸成されてきたフォークウェイズ、そして、そのフォークウェイズから正しさの確信に満ちたモーレスが発展していく様相をサムナーは論じました。

フォークウェイズならびにモーレス、法律や道徳は、現実には重なりながらも、理論社会学では一応の区別は可能です。原初的なフォークウェイズやモーレスが、社会組織や政治組織において構造化、成文化され、承認されたものが制度や法律ですし、個別的なフォークウェイズやモーレスが宗教や信仰とのせめぎあいの中で抽象化、一般化されたものが道徳や倫理となります。「制度と法律はモーレスから生まれ」(Sumer 1906/1959: p.53)、「処世術、生活上の方策、正しさ、諸権利、道徳は、すべてフォークウェイズの産物」(Sumner 1906/1959: p.29) です。フォークウェイズとモーレスは、規範の把握し

やすい具体的なかたちです。したがって本章のテーマである規範を考えていくときに、その理解の出発点にふさわしいでしょう。

1.4 規範と価値

■ 人びとを拘束する見えない網

規範とは、人びとの行いを定める規準のことでした。規範は、日常語である、規則（rule）、決まり（regulation）などの言葉を、より一般的かつ抽象的に表現したもので、社会学において最も基本的な概念の１つです。規範を社会規範（social norm）と記している文献もありますが、社会学における規範は、社会規範であることが自明なので、本来的で、より単純な呼称である規範のほうを本書では用いることにします。

世の中は規範でできている、と表現しても過言ではありません。人びとの行いを他者との関係の中で、つまり、社会的に説明するのが社会学の目的であり、そのための出発点となる概念の１つが規範です。もし人びとの行いが、規範に則っているのならば、規範は、社会によって生み出されたと同時に、人びとの行いを規制し、社会を存続させる働きがあるということです。

規範は、「○○をすべきである」や、「××をすべきでない」などといった義務や禁止のかたちで人びとに行いの指針を与える、と考えれば、イメージしやすいでしょう。義務は、たとえば「体の不自由な人には手助けをすべきだ」といったかたちをとるし、禁止は「不倫をしてはいけない」といったかたちをとります。これらの義務や禁止は、たいてい「◇◇のときは」「△△ではないときは」といった状況設定がつきます。「お酒を飲んだら自動車の運転はしてはいけない」「喫煙所以外では煙草を吸ってはいけない」等々。世の中は、まるでくもの巣のように、規範の網が張りめぐらされているのです。しかし、それらは特に意識しない限り、日常生活の中で気づくことは少ないでしょう。多くの場合、偶然か故意かは別として、破られることによって初めてその規範の存在がクローズアップされます。たとえば、ほとんどの人は、麻薬を隠し持ち逮捕されたニュース報道に接して、それを禁止する法律の存在を意識するように。規範は普段は意識することは少ないものの、人びとを拘束している見えない網にもたとえられます。

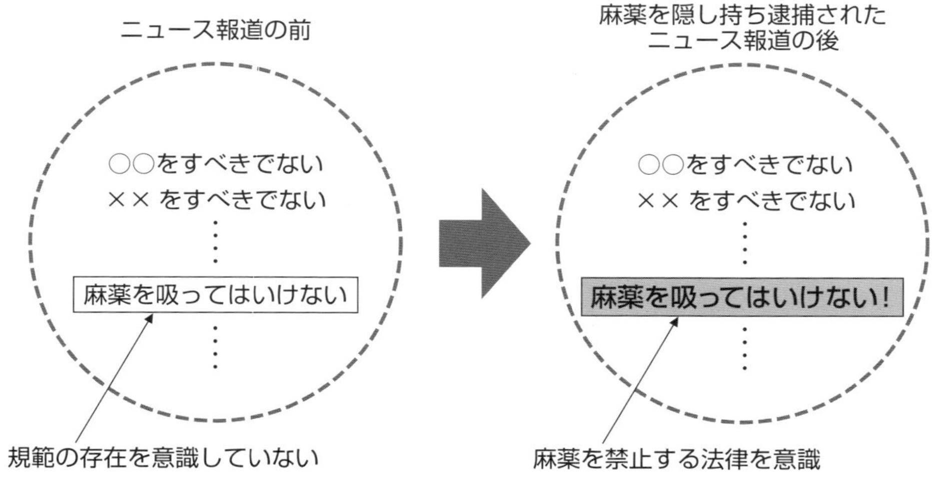
ニュース報道の前
○○をすべきでない
×× をすべきでない
麻薬を吸ってはいけない
規範の存在を意識していない
麻薬を隠し持ち逮捕された
ニュース報道の後
○○をすべきでない
×× をすべきでない
麻薬を吸ってはいけない！
麻薬を禁止する法律を意識

図1.4 ● 規範は破られて初めて意識される

■ 規範は社会から生み出され、その規範が社会を形づくる

では、規範と社会はどちらが先に生まれたのでしょうか。規範は社会によって生み出されたと同時に、規範が社会を成立させています。規範と社会のどちらが先か後かは、あまり考えても意味がありません。そのどちらかがなければ、残りも存在できないように相互依存しているからです。そのため、社会イコール規範とも言うことができるでしょう。

規範の具体例を考えてみましょう。カフェでバイトしているリナが厨房で調理する立場だと考えてみましょうか。「新鮮で安全な食材を用いるべきだ」あるいは「調理の準備をする前には石鹸で手を洗うべきだ」という規範を考えてみます。これらは、腐敗していない害のない食材を用いなければならない、あるいは、食材を調理、給仕する際には厨房や自分の手を清潔にしなければならないという、いわゆる食品衛生にかかわる者の義務を表した一群の規範の一部なのです。もし、これらを怠れば、リナが調理、給仕した飲食物に含まれる細菌や有害物質を介して、客が病気にもなりかねません。食あたりや食品中毒は客側にとって大きな脅威です。もちろん、被害を受けるのはカフェで飲食した客ばかりではありません。調理、給仕、販売した側も非難を浴びるし、営業停止処分を受け、弁済もしなければなりません。大きな事故になれば刑罰を科されることもあります。そして、こうなることを避けるためにも規範を守るわけです。規範を守らないと不利益がもたらされる、というより、規範が守られない社会では、そもそも怖くてそこでは生活できないでしょう。規範があってこその社会なのです。

社会全体の不利益を防ぐために、規範は生まれたと同時に、規範が人びとの行いを規整し、その社会を再生産、制御しています。規範が、毎日毎日、改めて社会を生み出しているとも言えるでしょう。

■ 行いを定める、もう１つの規準としての価値

規範が社会のすべてなのでしょうか。実は、規範と一対で考えるべき要素があります。それは価値です。規範と連携し重複しながらも、行いを定める、もう１つの規準が価値なのです。行いを定めるという働きかたは規範と全く同じです。ここで、価値（Wert【ドイツ語】、value）とは、そのモノやコトに人びとが見出している望ましさの程度である、と定義しましょう。人びとが見出している望ましさの程度とは、そのモノやコトへの欲求やその観念を意味しています。

表1.1 ● 規範と価値

	本書での定義	既刊書での定義	存在意義	個人と全体との関連
規範（norm）	人びとの行いを定める規準	「特定の場面においていかに行為すべきかの基準を与えるもの」（富永 1986：p.84）	全体のため	個人の利益を制限することがある
価値（value）	そのモノやコトに人びとが見出している望ましさの程度	「主体の欲求をみたす、客体の性能」（見田 1966：p.17）	個人のため	全体の利益を脅かすことがある

道徳的もしくは倫理的な内的規整をイメージしやすい規範に対して、欲求やその観念をベースとした価値は、倫理的欲求や宗教的欲求をその内に含みつつも、より現世的で実利的な欲求へとつながりやすいのです。美味しいものを食べたい、異性に好かれたい、高収入の職に就きたい、海外旅行に行きたい、人びとから尊敬されたい等々。

もちろん、欲求には人が見ていないところでも善行を施す等の倫理的欲求や、神仏との対話交流を目指す等の宗教的欲求なども含まれるので、邪で無軌道な欲だけではありません。利他的な人助けを価値として奉ずる場合もあるでしょうし、一生を聖職者として神に捧げるという崇高なる価値もあります。川に流される子どもを飛び込んで助けようとする人や、電車のホーム下に落ちた人を救おうとする人の報道はよく目にするところですから、利他的な倫理的欲求や崇高なる欲求はそれほど希なことではありません。

現代日本の社会学者、見田宗介（1937-）は価値を「主体の欲求をみたす、客体の性能」（見田 1966：p.17）であると論じました。ここで主体とは人びと、客体とは対象と

なるモノやコトなどを指します。慧眼《けいがん》にも見田は、価値は欲求を基礎とし、その欲求は道徳的、芸術的、宗教的、社会的欲求を含むあらゆる「望ましさ」にかかわり、欲求する主体に起因しながらも、その属性は客体自身にありますが、客体そのものが「価値である」のではなく、客体は「価値がある」に過ぎないと言っています。見田の価値論において明らかなように、価値は客体であるモノやコト自体ではなく、主体が抱く望ましさの程度なのです。

第2章

行　為

2.1 社会的行為

あ
ダンス部の
ポスターだ
ダンス部に
興味があるの？
違う違う
前に部の友だちが
ポスター作るって
言ってたからさ
これがそのポスター
かと思って
…個性的なお友だちなんだね
いつの時代も天才は理解されないものよ
そういえばリナちゃんは
部活やサークルには入ってないの？

わたしはバイトが
忙しいからね
部活やサークルは
ちょっと無理かな
そうなんだ
アヤさんは何かに
入っているのかしら？
どこにも入ってないよ
あら
部活やサークルはお嫌い？
嫌いってわけじゃないけど
何をやっていいのかわからないし
部活やサークル活動は社会的行為だし
それなりに楽しめると思うけど
社会的行為？

それ「行為」の
講義で習ったよね
そうよ
ドイツの社会学者ヴェーバー（Weber Max, 1864-1920）は
そもそも行為（Handeln【ドイツ語】、action）とは
単数或いは複数の行為者が主観的な意味を
含ませている限りの人間行動を指し、活動が
外的であろうと、内的であろうと放置であろうと、
我慢であろうとそれは問うところではない
と定義しているわ
人間が考えたり
行動したり
することが全部
「行為」ってこと？
そんなところね
それに対して社会的行為
（soziales Handeln【ドイツ語】、
social action）とは
としているの
単数或いは複数の行為者の考えている
意味が他の人びとの行動と関係を持ち、
その過程がこれに左右されるような行為
つまり
社会的行為っていうのは
他人の行動とかに影響を
受ける行為って感じかな
ああ、そんなふうに
習った気がする
社会学の中で
「行為」といったら
「社会的行為」のことを
指すんだよね

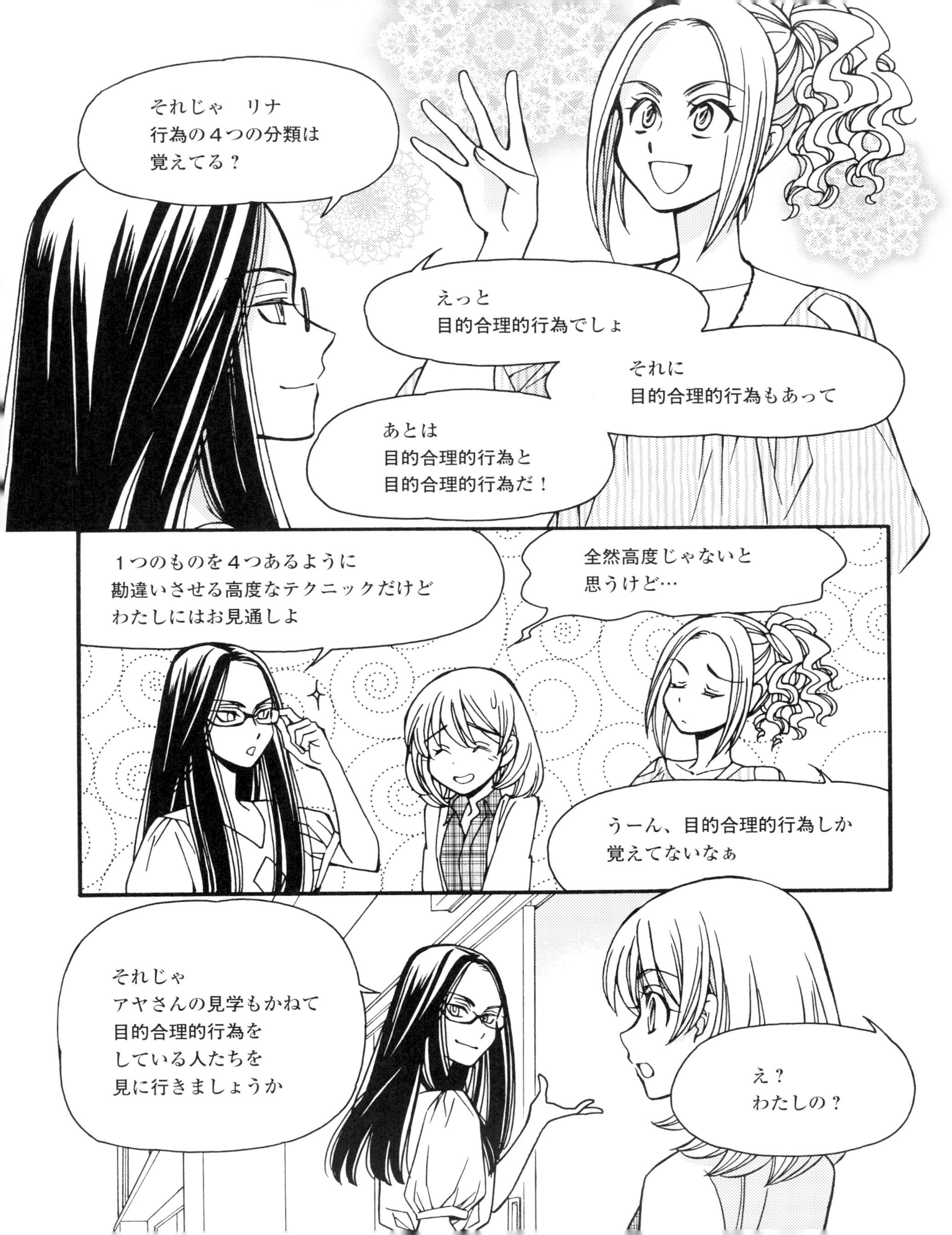
それじゃ　リナ
行為の４つの分類は
覚えてる？
えっと
目的合理的行為でしょ
それに
目的合理的行為もあって
あとは
目的合理的行為と
目的合理的行為だ！
１つのものを４つあるように
勘違いさせる高度なテクニックだけど
わたしにはお見通しよ
全然高度じゃないと
思うけど…
うーん、目的合理的行為しか
覚えてないなぁ
それじゃ
アヤさんの見学もかねて
目的合理的行為を
している人たちを
見に行きましょうか
え？
わたしの？

◆ 目的合理的行為
行為には４つの種類があって その１つがリナも覚えていた 目的合理的行為ね
目的合理的行為 (zweckrationales Handeln【ドイツ語】) っていうのは目的を 達成するためにする 行為のことなんだよね
そう ヴェーバーの言葉を 借りるなら 「外界の事物の行動および 他の人間の行動について 或る予想を持ち
この予想を結果として 合理的に追求され考慮される 自分の目的のために 条件や手段として 利用するような行為」ね
ダンス部の人たちは 究極にはダンスの大会で 優勝するっていう目的で 練習しているんだよね
つまり ダンス部の練習は 目的合理的行為って いうわけだね
そういうことになるわ。目的合理的行為は
① 外界の対象や他者の行いを予想する
② その予想の結果を計算する
③ その予想を目的の実現のために 条件や手段として利用する
というように戦略的に行為を 行うという特徴があるわ またその行為によって引き起こされる 副次的結果の予想も含めて 周到に計算されているのよ

え？好きな人に素っ気なくするの？
そうなると好きな人ができたときにその人に素っ気なくするのも目的合理的行為の１つだね
そうそう　ちょっといい感じになってきたらわざと素っ気なくするの
そうすると相手の方がこっちを強く意識するようになるからそこでまた優しくするってワケ

そ、そんな駆け引きできないよ…
大丈夫だよ　そんなに難しくないから

でも、素っ気なくすればもしかしたら相手が逆に離れていく危険もあるわ
リスク
それでもリスクと成功率を考慮して上手くいきそうなら行為を遂行するの
リスク
成功
目的合理的行為にはそんな戦略的思考が背景にあるのよ

ちなみに目的合理的行為は
何もすぐに目的につながる
ものばかりじゃないわ
リナの恋愛話の例でも
一連の行為が
連鎖しているわね
そうそう
恋はそんなにすぐに上手く
いくものじゃないからね
① わざと冷たくする（手段１）
② 好意的に接する（手段２）
③ 恋の成就（目的実現）
今気づいたけど
リナは「恋」と「行為」の
ダジャレを言っていたのね
さすがの私も
これには今世紀最大の
抱腹絶倒だわ
そんなに面白かった？
いやぁ照れるなぁ
本気で思ってるのかな…？
でも、きっと
ダンス部の中には
大会で優勝
したいから練習を
しているわけじゃ
ない人もいるよね
あの人は
ダンス自体がすごく
楽しそうだよ

◆ 価値合理的行為

そうね、その場合は
価値合理的行為
（wertrationales Handeln【ドイツ語】）
になるわ
あっ！　はいはい
ちょっと思い出してきたよ
それが行為の分類の
2つ目だよね
ええ、そうよ
ヴェーバーは
或る行動の独自の絶対的価値
—倫理的、美的、宗教的
その他の—
そのものへの、結果を度外視した、
意識的な信仰による行為
と表現しているわね
ダンスの練習の
成果がどうであれ
ダンスが楽しいから
練習をしている
みたいな感じかな
そうね
その行為自体に
価値があるものを
価値合理的行為と
いうのよ
恋愛でいうと「恋に恋してる」
みたいな状態かな
またしても
「恋」と「行為」をかけた
破顔一笑の…
それもういいよ！

ダンスや恋はそれ自体が
楽しいっていうのは
わかるけどさ
やっていて楽しいもの
以外に価値合理的行為は
あるの？
たとえば
価値合理的行為には
自己犠牲的な行為が
多く含まれているわね
自己犠牲？
政治的理念や
信仰に身を捧げ
その志半ばで倒れた
多くの人びとがいるの
そういった人びとが迫害されたり
時には殺されたりしてしまうことは
歴史の中で決して珍しくないことよ
目的合理的行為として
考えればあまりにも
リスクや被害が大きすぎて
本来ならするべきではない
行為でも
多くの活動家たちは
それを行ってきたわね
そうか
自分たちの活動が
正しいと信じた
からこそ
自分への利益や
目的の達成を
度外視してでも
その行為ができたんだね
今でも社会問題の
解決のために
価値合理的な
活動をしている人は
多くいるわ
デモクラシー
ジェンダー・差別
反原発・エコロジー
ピクッ

◆ 感情的行為と伝統的行為

もう大会まで時間がないんだよ！
わかってるけど もっと言い方があるでしょ！
大丈夫かな
練習に過度に熱が入ると ああなっちゃうわね
まあ、ちゃんと話し合えば 大丈夫でしょ
あれは 行為の分類、3つ目
感情的行為ね
あ それは名前を聞いただけで なんとなくわかる！
論理的な行為じゃなくて 感情によって 引き起こされる 行為であーる！

感情的行為（affektuelles Handeln【ドイツ語】）は行為そのものに意味があるという点では価値合理的行為と同じね
だけど感情的行為には合理性がないの
さっきの口論も合理的に考えて話し合えばもっと早く解決するかもしれないけど
感情が高ぶってるからああいうかたちになっちゃったんだね
でも、それが青春だよね
ほら、ああやって仲間との絆が深まっていくんだよ
言いすぎたわ
こっちもごめん
わたしの青春にあんな展開はなかったけどね
どよーーん
なんかごめん
喜怒哀楽などの情動によって支配されているし意図的な目標追求によってなされる行いではないのね
まあ合理性がなくて動機が感情だから感情的行為は刺激に応じた反射に近い存在だといえるわ

ヒュッ
バゴッ!!
ひゃー！
ごめんなさい！
すみませーん
びっくりしたー
心臓が止まる
かと思ったわ
あれだけ平然としてたら
逆に心臓が止まってるの
かと思うよ…
さっきアヤちゃん
「ごめんなさい」って
言わなかった？
何かあると
とりあえず謝る
クセがあって

ははは
変なクセ
つまり、今のは
伝統的行為と
いうことね
アヤちゃんが謝るのが
伝統的なの？
伝統芸能？
いや
わたしの謝罪に
そんな価値はないよ
伝統的行為
（traditionales Handeln【ドイツ語】）
というのは
習慣的に行われている
特に意図せずにする行為を指すの
行為の目標が見えにくいという点では
感情的行為と似ているけれど
感情とは無関係なの
何気ない相づちとか
ちょっとしたあいさつとか
こんにちは
普段あんまり意識せずに
やってるのが
伝統的行為なんだよね
目的合理的行為
価値合理的行為
感情的行為
伝統的行為
これで行為の分類が
4つそろったね

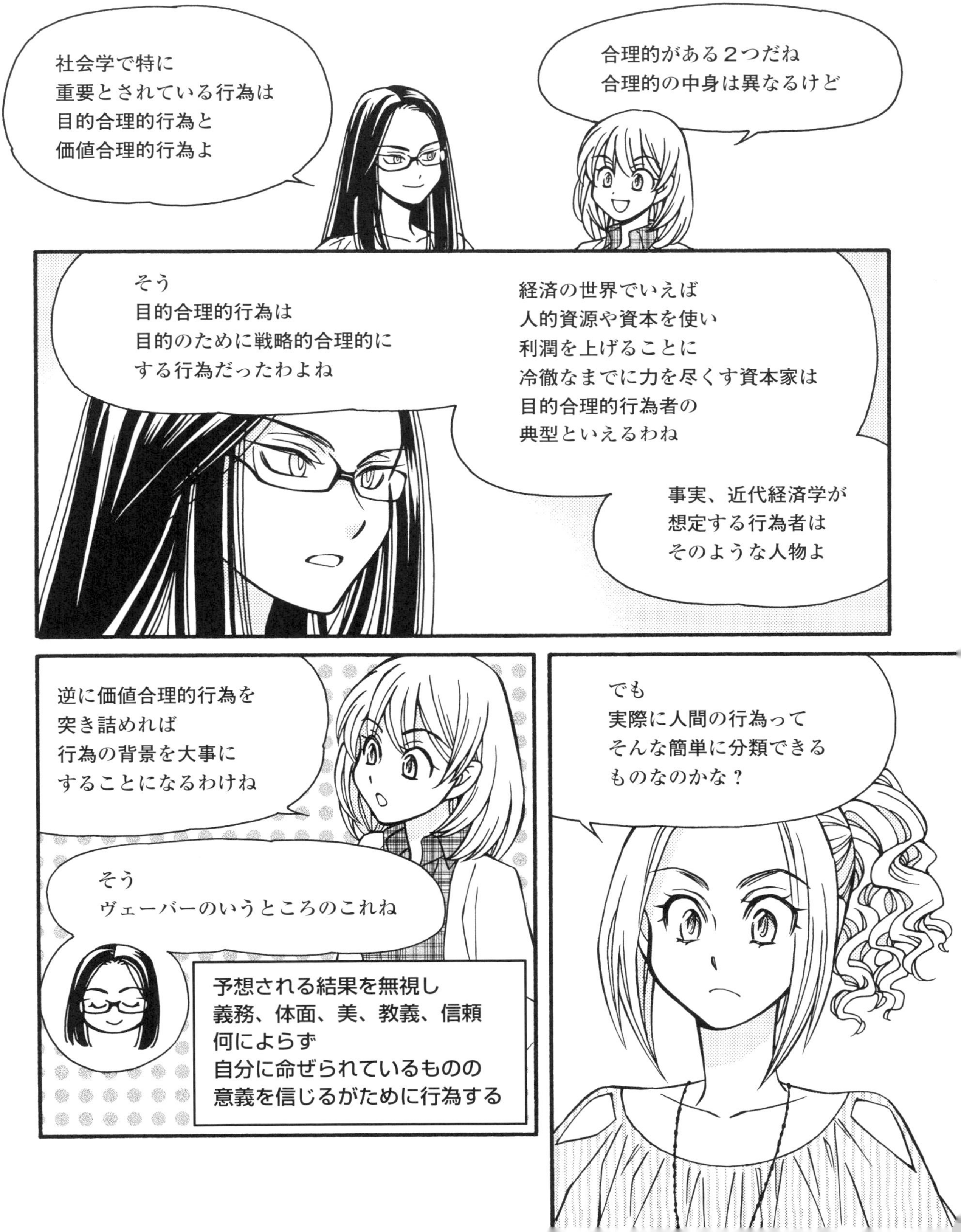
社会学で特に重要とされている行為は目的合理的行為と価値合理的行為よ
合理的がある２つだね 合理的の中身は異なるけど
そう 目的合理的行為は目的のために戦略的合理的にする行為だったわよね
経済の世界でいえば人的資源や資本を使い利潤を上げることに冷徹なまでに力を尽くす資本家は目的合理的行為者の典型といえるわね
事実、近代経済学が想定する行為者はそのような人物よ
逆に価値合理的行為を突き詰めれば行為の背景を大事にすることになるわけね
そう ヴェーバーのいうところのこれね
予想される結果を無視し 義務、体面、美、教義、信頼 何によらず 自分に命ぜられているものの 意義を信じるがために行為する
でも 実際に人間の行為って そんな簡単に分類できる ものなのかな？

さっきの口論も感情的行為には違いないだろうけど、その根っこにはきっと「大会で勝ちたい」っていう考えがあったからこそのケンカだよ
そう考えると目的合理的行為としての要素がまったくないわけじゃないよね
ダンス部の子だって練習自体は楽しいだろうけど大会でも勝ちたいんじゃないの？
確かにそうかも
人間は機械じゃないのだからそう単純に行為を分類することなんてできないわ
リナの言うとおり
そうだよ
目的合理的行為として勉強しながらもその勉強自体が楽しい人だっているし
純愛に見えながら実は打算を含んだ恋もあるよ
つまり
実際のわたしたちの行為には
目的合理的行為、
価値合理的行為、
感情的行為、
伝統的行為の
成分が混ざっているんだね

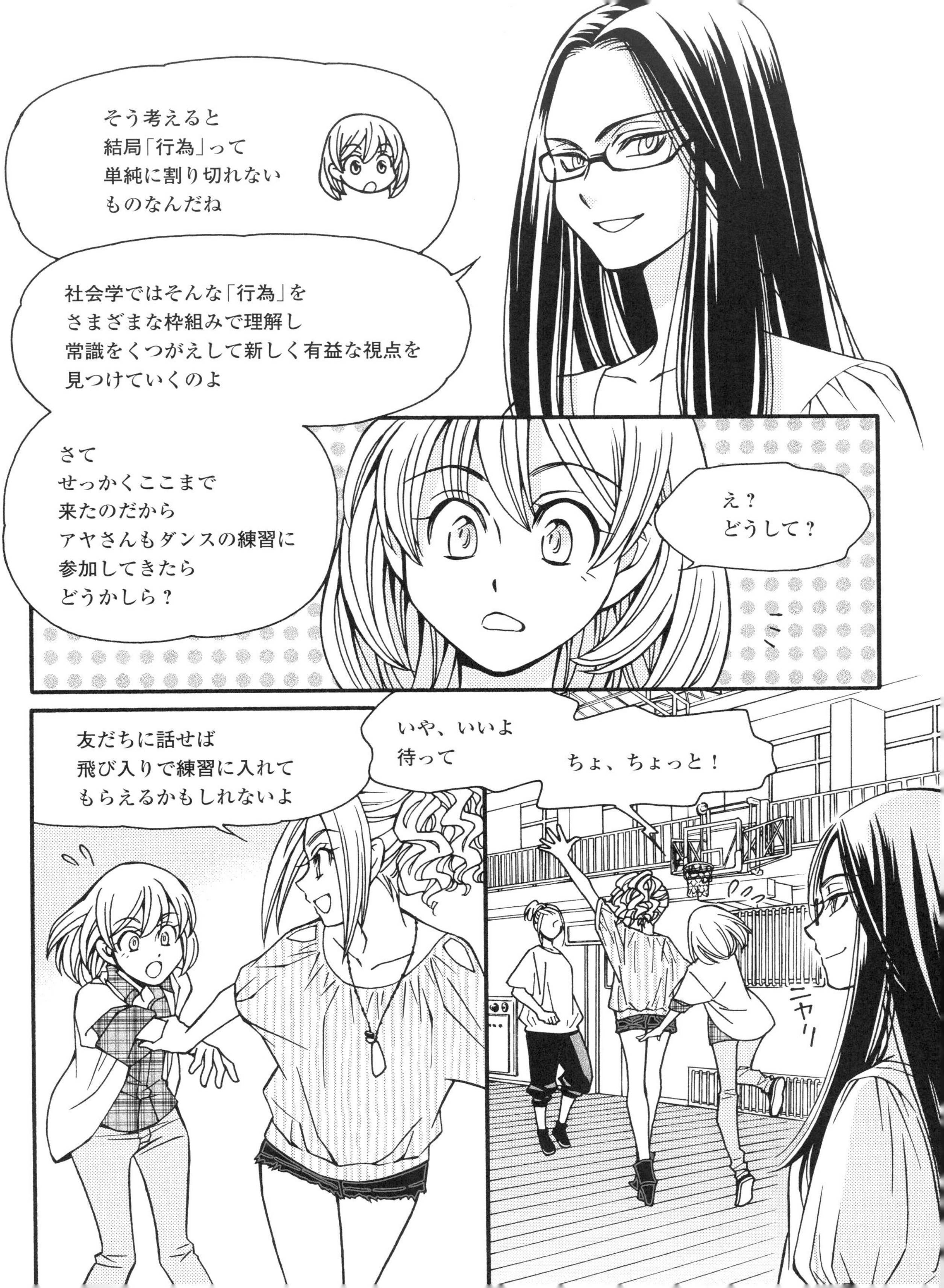
そう考えると
結局「行為」って
単純に割り切れない
ものなんだね
社会学ではそんな「行為」を
さまざまな枠組みで理解し
常識をくつがえして新しく有益な視点を
見つけていくのよ
さて
せっかくここまで
来たのだから
アヤさんもダンスの練習に
参加してきたら
どうかしら？
え？
どうして？
友だちに話せば
飛び入りで練習に入れて
もらえるかもしれないよ
いや、いいよ
待って
ちょ、ちょっと！
ニヤリ

フォローアップ

2.2　行為の類型を復習しよう

■ 行為と社会的行為

国や地域社会、役所、会社、病院、学校などは、しっかりとしたしくみを持ったゆるがぬ存在、あるいは紛れもない実体のように見えます。そして、これらこそが社会学の研究対象であるようにも思えます。しかしながら、これらの存在は人びとの個々の行いやふるまいが集まり、積み重なったもの、つまり社会的行為の集積に過ぎないと、ドイツの社会学者ヴェーバー（Weber, Max 1864-1920）は見抜きました。ヴェーバーは19世紀終盤から20世紀初頭に活躍した、フランスの重鎮デュルケムと並ぶ社会学草創期における巨匠です。

ヴェーバーは社会的行為（soziales Handeln【ドイツ語】social action）を、これこそ、まさに社会学の研究対象と考え、「単数或いは複数の行為者の考えている意味が他の人びとの行動と関係を持ち、その過程がこれに左右されるような行為」（Weber 1922=1972：p.8）として定義したのです。社会的行為とは相手の行いやふるまいにかかわり、その成り行きについても、相手に左右されるような、ある人もしくはある人びとの行いやふるまいのことです。つまり、他者と切り離せない行いやふるまいということになります。

さて、この社会的行為と行為は大きく異なるのでしょうか。行為（Handeln【ドイツ語】、action）については、「単数或いは複数の行為者が主観的な意味を含ませている限りの人間行動を指し、活動が外的であろうと、内的であろうと、放置であろうと、我慢であろうと、それは問うところではない」（Weber 1922=1972：p.8）とヴェーバーは述べています。行為と社会的行為は、厳密に考えれば、たしかに区別がつくでしょう。ある人、もしくはある人びとの行いやふるまいであることは変わりませんが、行為のほうは社会的行為に比べると、行為者自身の自覚や意図にかかわらず、結果として、他者とのつながりが浅く、かつ弱いものも含まれる概念です。つまり、社会的行為は、行為の中でもとりわけ他者の行いやふるまいとの関連が深く、かつ強いものを示す概念として理解するのが本当は正しいのです。

とはいえ、行為はその内に社会的行為をすべて含んでいます、そして、その区別は相対的に過ぎません。したがって、現代社会学で行為と表現した場合には、暗に、社会的行為を指すことが多いことも知っておいてください。

行為
（Handeln【ドイツ語】、action）
社会的行為※
（soziales Handeln【ドイツ語】、
social action）

※1 社会的行為はすべて行為に含まれる。
※2 現代社会学では行為を社会的行為の意味で用いることが多い。

図2.1 ● 行為と社会的行為

■ 目的合理的行為の定義

ヴェーバーは、行為は次の４つに分類できると考えました。目的合理的行為、価値合理的行為、感情的行為、そして、伝統的行為です。

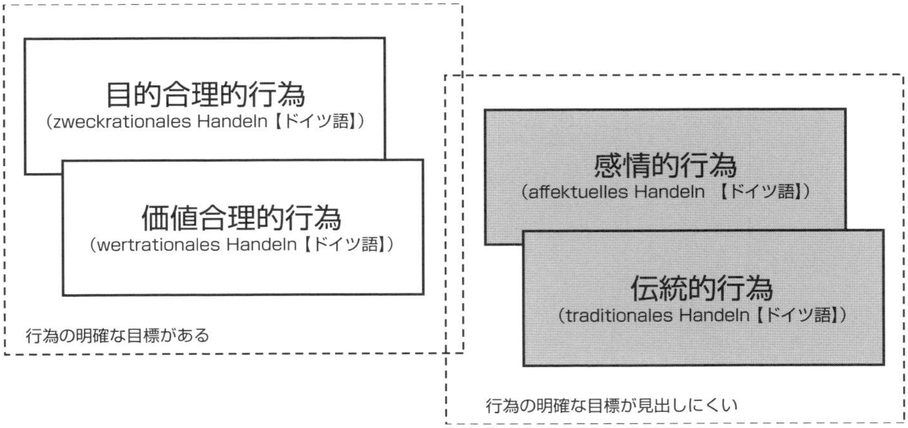
目的合理的行為
（zweckrationales Handeln【ドイツ語】）
価値合理的行為
（wertrationales Handeln【ドイツ語】）
行為の明確な目標がある
感情的行為
（affektuelles Handeln 【ドイツ語】）
伝統的行為
（traditionales Handeln【ドイツ語】）
行為の明確な目標が見出しにくい

図2.2 ● 行為の目標が見出せるか否か

目的合理的行為（zweckrationales Handeln【ドイツ語】）とは、「外界の事物の行動および他の人間の行動について或る予想を持ち、この予想を、結果として合理的に追求され考慮される自分の目的のために条件や手段として利用するような行為」（Weber 1922=1972: p.39）です。ここでの要点は、第一に外界、つまり自己以外の対象や他者の行いを予想し、第二にその予想の結果を計算し、第三にその予想を自己の目的の実現のために条件や手段として利用することです。さらには、最初に立てた目的をちゃんと実現させるために、その行為が生み出してしまう目的外の副産物、つまり副次的結果の予想も含めて、手段としての行為の結果を綿密かつ周到に計算することです。場合によっては執念深く、時には他者に悟られないようポーカーフェイスを装って、計算し行為する点に特徴があります。

たとえば、恋人や好きになった相手の興味を引くために、あえて無関心を装ってふるまうことは目的合理的行為です。図2.3のように、最初に立てた目的の実現をねらうシナリオがそこには確実にあるのです。このとき、あえて無関心を装ってふるまう行為が生み出してしまう目的外の副産物、つまり副次的結果のなかで最も恐ろしいのは、こちら側（リナ）の無関心によって、かえって恋人や相手の恋心が冷めてしまうことです。「リナちゃんはこちらにはもう関心がないようだから、見込みないなぁ。あきらめようかなぁ」といった具合に。このような最初に立てた目的と照らし合わせて逆効果となる副次的結果の大きさも天秤にかけながら、戦略的に無関心を装うことが、この目的合理的行為の特徴です。

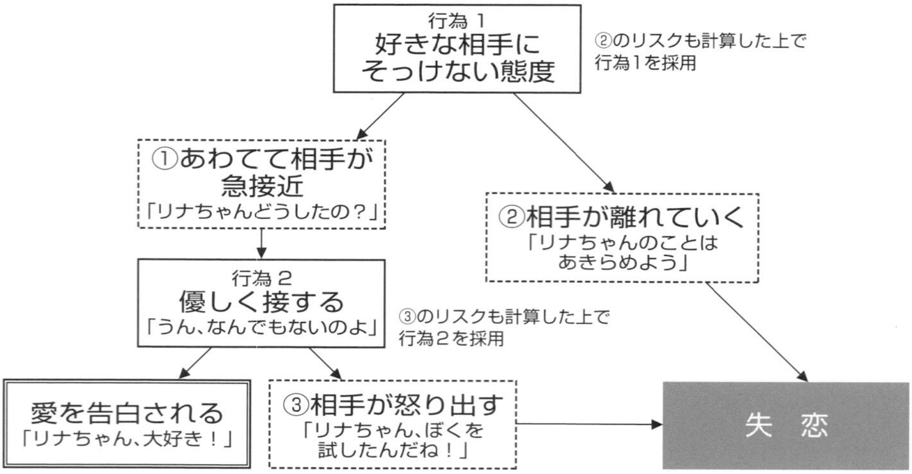

図2.3 ● 目的合理的行為（恋の駆け引きの場合）

そっけない態度や無関心を装うこと自体は、より親密な関係を築こうという目的の手段に過ぎません。これは、恋人や相手の反応を待って、一転して優しくふるまうという次の行為の前提条件なのです。そこには、最初に立てた目的を確実に達成、成就させるための、行為者本人によって自覚かつ意図された、はっきりとした道具的（instrumental）とも呼ぶべき、行為の連鎖が存在しています。

■ 行為の連鎖はごくありふれている

私たちの普段からの行いやふるまいの多くは、目的合理的です。そして、最終目標を実現するための手段としての間接的な行為なのです。

ある女性がダンススクールに通っているとします。それは何のためでしょうか（図2.4）。少しでも踊りが上達するためですね。では、なぜ踊りを練習するのでしょうか。それは、芸能プロダクションなどを通じて有名アイドルのバックダンサーになるためだとします。では、彼女はなぜダンサーになりたいのでしょうか。そこで実力と人気を獲得し、やがては自分もアイドルとしてデビューしたいからかもしれませんね。彼女はなぜアイドルになろうとするのでしょうか。アイドルとして成功すれば、有名人として華やかでリッチな毎日が約束されており、それが幸福な生活に彼女には思えるからなのでしょう。これらの一連の目的合理的行為は、最終目標実現をねらう行為の連鎖なのです。

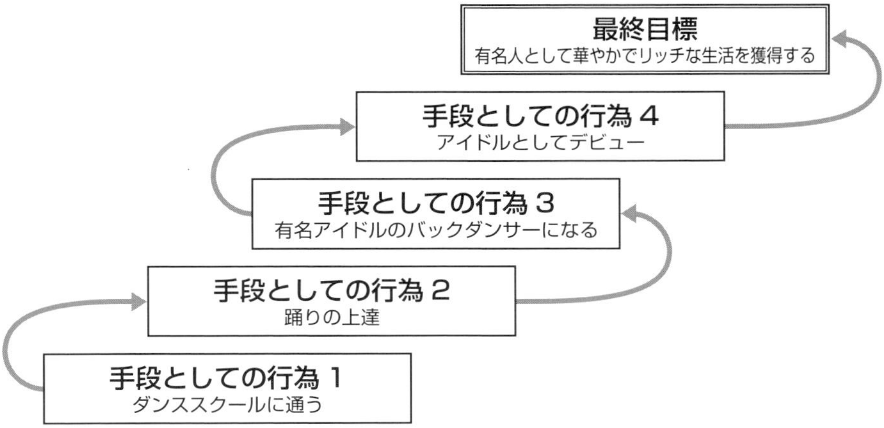

最終目標
有名人として華やかでリッチな生活を獲得する
手段としての行為 4
アイドルとしてデビュー
手段としての行為 3
有名アイドルのバックダンサーになる
手段としての行為 2
踊りの上達
手段としての行為 1
ダンススクールに通う

図2.4 ● 行為の連鎖

志望校の入学試験に合格するために、塾や予備校に通って猛烈に受験勉強をすることや、恋人や他者に好感を持たれたいがために、ファッションとメイクに気をつかったりすることなど、行為の連鎖の具体例は身近にありふれています。読者の皆さんも、「社会学をできるだけ楽しく身につけたい」という目的のために、本書を手段として読んでいるのだし、「社会学を身につけたい」も実はプロセスに過ぎず、公務員試験や、大学の期末試験、大学院受験など、他の上位目標の１つの手段かもしれません。

■ 価値合理的行為の定義

価値合理的行為（wertrationales Handeln【ドイツ語】）とは、「或る行動の独自の絶対的価値—倫理的、美的、宗教的、その他の—そのものへの、結果を度外視した、意識的な信仰による行為」（Weber 1922=1972：p.39）であると定義されています。

目的合理的行為では、最初に立てた目的をちゃんと実現させるために、その行為が生み出してしまう副次的結果の予想も含めて、外界の対象や他者の行いを予想し、その予想の計算結果を自分の目的実現のために条件や手段として利用することが重視されていましたね。それとは対照的に、価値合理的行為では、その行い自体に、倫理や道徳、主義主張、美しさ、信仰や信心などの本人にとって大切な価値を見出しているために、外界の対象や他者の行いは、時には度外視され、その行いがもたらす結果もあまり考慮されません。目的合理的行為が道具的であるのに対し、価値合理的行為は行為遂行それ自体に意義があり、価値を有した自己充足的かつ理念的な行為なのです。

表2.1 ● 目的合理的行為と価値合理的行為

	行為の目的	目的実現のための計算	自己充足的
目的合理的行為 （zweckrationales Handeln【ドイツ語】）	○	○	×
価値合理的行為 （wertrationales Handeln【ドイツ語】）	○	×	○

幼い恋心を揶揄《やゆ》、つまり、からかって表現した「恋に恋する」という言葉があります。恋に恋した人は、好きな相手と仲良くなることをひたすら目指す目的合理的な恋愛マスターではありません。彼女／彼らには、無関心を装い相手を引きつけるような目的合理的行為などは、汚れた大人の駆け引きに見えるでしょう。自分の恋心の純粋さを価値として大切にして、相手に嫌われることもかまわず、真っ正直に告白することさえあるかもしれません。愛情を獲得するという最終目標のためには何でもするといった目的合理的な行為の連鎖はここにはありません。行為の結果を度外視し、自分が大切にしている

価値としての、美しく尊い（と本人が思っている）純愛を吐露《とろ》する、という行為そのものに重点が置かれているからです。

価値合理的行為には、多くの自己犠牲的な行為も含まれます。歴史上には、政治的理念や信仰に身を捧げ、その志半ばで倒れた多くの人びとがいます。価値合理的行為に殉じた多くの崇高なる活動家が、最終目標の実現は度外視して、今日もその障害に真正面からぶつかっているのです。

■ 行為の明確な目標が見出しにくい感情的行為と伝統的行為

感情的行為（affektuelles Handeln【ドイツ語】）とは、「直接の感情や気分による行為」（Weber 1922=1972：p.39）です。喜怒哀楽などの情動によって支配されており、意図的な目標追求によってなされた行いではありません。その行為自体をやり遂げることに意味があるという点では、価値合理的行為と似ていますが、感情的行為に合理性は見出しにくいのです。また、行為の明確な目標が見出しにくいという点では、後に述べる伝統的行為とも共通しています。

恋人に浮気をされた腹いせに相手をなじったり、殴ったりすることは、一時的な情動やそのときの気分に支配されて行うことが多く、特定の目標実現のためやその行為自体に自らの尊ぶ価値を見出して行っている訳ではありません。純粋な感情的行為があるとするならば、そこから行為の意味を取り出すことは難しく、刺激に応じた反射に近いのかもしれません。

伝統的行為（traditionales Handeln【ドイツ語】）とは、「身に着いた習慣による行為」です（Weber 1922=1972：p.39）。行為の明確な目標が見出しにくいという点で感情的行為と共通しています。習慣的な特に意図しない日常の行いの多くがここに含まれます。友人からのメールに特に意識せずにあいさつ程度の返事を書いたり、会話や通話中に反射的に相づちを打ったりすることは、それらの行為から読み取れる意味は薄く、半ば反復としての伝統的行為なのです。

■ 目的合理性と価値合理性

目的合理的行為と価値合理的行為の双方で、合理的という語は共通していますが、合理性の中身はかなり異なります。ヴェーバーは目的合理性と価値合理性という２つの合理性を使い分けているのです。

目的合理性（Zweckrationalität【ドイツ語】）とは、最初に立てた目的をちゃんと実現させるために、その行為が生み出してしまう副次的結果の予想も含めて、外界の対象や他者の行いを予想するのです。そして、その予想の計算結果を自分の目的実現のために条件や手段として利用し、手段としての道具的な行為を連鎖させていく場合の合理性です。

この目的合理性に従った人間像とは、ヴェーバーの言葉を借りるならば、「目的、手段、附随的結果に従って自分の行為の方向を定め、目的と手段、附随的結果と目的、さらに諸目的相互まで合理的に比較秤量」（Weber 1922=1972：p.41）し、どのような場合にも、感情的、伝統的に行為することはないのです。恋の駆け引きやダンススクールの例を出してきましたが、目的合理性の典型は、やはり利潤、利殖目的のための投資活動や企業経営に代表されるでしょう。資本家的もしくは経営者的な人間像とは、自己の目的追求のために、計画的に外的環境を変え、周到かつ綿密に資源を動かし、それらからの反応を冷徹に計算します。その行為が生み出してしまう副次的結果をもコントロールするのです。

価値合理性（Wertrationalität【ドイツ語】）は、主体的な判断によって目的を定め、目的の実現を図ろうとしてはいますが、その行い自体に、倫理や道徳、主義主張、美しさ、信仰や信心などの本人にとって大切な価値を見出しているために、外界の対象や他者の行いは、時には度外視され、その行いがもたらす結果もあまり考慮されにくい合理性です。最終目標実現のための計算過程での頻繁な行為の修正や変更を含む目的合理性とは対照的に、価値合理性では、価値を有したその行為自体を貫き通すことこそ大切なのです。

価値合理性に従った人間像とは、再びヴェーバーの言葉を借りるとすれば、究極には「予想される結果を無視し、義務、体面、美、教義、信頼、何によらず、自分に命ぜられているものの意義を信じるがために行為する」（Weber 1922=1972：p.40）ということになります。目的合理性が目的実現のための道具的な合理性だとするならば、価値合理性は結界を度外視してまで、その行為の背景となる価値を肯定、遵守、時には死守することさえある、とても理念的な合理性なのです。

ただし、純粋な目的合理的行為と純粋な価値合理的行為の間に、そして、感情的行為と伝統的行為をいくらか含んだところに、現実のあらゆる行為は位置しています。目的合理性に基づく行為であっても、その遂行自体に意義を感じることがありますし、価値合理性に基づく行為にも、手段としての成分が多少含まれているのです。

2.3 行為の意味理解

■ 行為の背景としての規範と価値

社会的行為もしくは行為から、その背景となる類型的なこころの働きである規範と価値の存在を知ることができます。

たとえば、電車内で、体の不自由な人、妊婦や高齢者に席をゆずるという行為によって「弱者をいたわるべきだ」という規範が実現されたと考えることができます。リナが恋人と一緒に乗っていたならば、恋人に公共心がある人だと思わせるために、つまり「相手に好かれたい」という価値によって行為したとも考えられます。彼女のこころの働き、すなわち規範と価値の発動もしくは実現として、その行い、ふるまいが解釈可能であり、かつ、他者に向かった意味を有した働きかけとなっている場合、それを社会的行為と呼ぶのです。

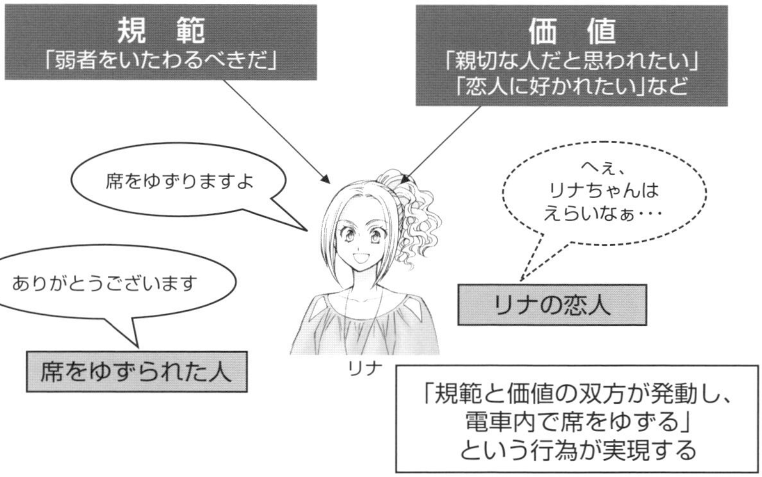
規　範
「弱者をいたわるべきだ」
価　値
「親切な人だと思われたい」
「恋人に好かれたい」など
席をゆずりますよ
へぇ、
リナちゃんは
えらいなぁ・・・
ありがとうございます
リナの恋人
席をゆずられた人
リナ
「規範と価値の双方が発動し、
電車内で席をゆずる」
という行為が実現する

図2.5 ● 行為の背景としての規範と価値

■ 行為の意味理解

規範と価値は、社会学者が想定している理論的あるいは仮説的な概念です。行為を介して間接的にその存在を推し量っているのです。規範や価値などは存在せず、ただ行為だけがあるのみ、という極端な言い方もできるかもしれませんが、電車内で席をゆずる人は少なくはないでしょう。世界中のどの都市のどの路線でも毎日多くの人が同じような行為をなしているのです。それゆえ、その背景に、行為を定め、規範と価値に集約さ

れる類型的なこころの働きがある、と想定することは不自然ではないでしょう

同様な規範と価値を有した人であれば、同様な状況において、同様な行為をなすと考えることができます。したがって、想定される規範と価値からみて、代表的かつ典型的な行為であればあるほど、その意味理解は容易となります。そうでない場合ほど、その解釈は一意には定まらず、多義的になってしまいます。

■ 行為と行動

行いやふるまいを表現する社会学用語には、行為（action）と行動（behavior）の2つがあります。行為と行動とは同じでしょうか、それとも異なるのでしょうか。単純に表現すれば、同じ行いやふるまいを、内から解釈すれば行為、外から観察すれば行動となります。

表2.2 ● 行為と行動

	内容	研究の方法	意味理解	大量観察
行為（action）	ある人、もしくはある人びとの行いやふるまい	規範と価値の視点によって内面から理解	○	×
行動（behavior）		物理的動作の質と量を外側から観察	×	○

ここでアヤがバッグの中からスマートフォンを取り出すことを考えてみましょう。行為の視点からは、サキから来るはずのメールを確認するために取り出した、という解釈も可能です。新しいスマートフォンを使いたくてたまらないアヤは、つい数分前にサキにメールを送っており、その返信が期待されている、といった一連の流れがあらかじめわかっているのであれば、さらに行為の意味理解、もしくは内面理解は深まるでしょう。

アヤがスマートフォンを取り出すという同じことであっても、外からの観察結果だけに限れば、平たくてポケットにも入るくらい小さい、画像を表示可能な何らかの機械を取り出したという動作、つまり行動として記述されます。行動とは、ある人もしくはある人びとの行いやふるまいを、動物や昆虫などと同様に、外側から物理的動作として見た内容のことなのです。したがって行動は人間だけや社会学の範囲に限られるわけではありません。たとえば、生物学の一分野として動物行動学という科学もあります。駅構内など公共の場では、アヤと同じように、スマートフォンを取り出す行動をする人を多くみかけます。反対に授業中や職場では着信してもそのままにしている行動が多いはず

です。行動の視点は行為の視点に比べると、意味理解が不十分な反面、大勢の人たちの動きを組織的かつ系統的に大量観察するのに適しています。

2.4 相互行為

■ 相互行為

相互行為（interaction）とは、複数の人の間で取り交わされる行為のやりとりのことです。行為、とりわけ社会的行為とは、相手の行いやふるまいにかかわり、その成り行きについても、相手に左右されるような、ある人もしくはある人びとの行いやふるまいのことですから、本来、他者とは切り離しにくいものです。相互行為は、ある行為とそれにかかわる相手、ならびに自分の一連の行為を併せて１つとしてとらえます。ですから、相互行為は行為単体だけで成り立つものではありません。

たとえば、アヤがリナに街角のクリスマスツリーを撮った「もうすぐクリスマスね！」といった写真メールを送ったとしましょう。返信としてリナがアルバイト先で調理したチェリーパイの写真を貼付し、「ケーキフェアがあるから、うちのカフェに遊びに来てね」といったメールを送信したのならば、そこに相互行為が成立しているのです。

このように、ある人が相手に何かを行って、その相手が応えて、といったやりとりがあって相互行為となります。そして、相互行為には無視や拒絶も含まれます。呼ばれても答えない、電話に出ない、メールに返事をしない、といった行いやふるまいも相互行為の一部となります。

■ 相互行為こそ社会の基本単位

９ページでも述べたように、社会学とは、関係（relation）の視点から集まりとしての社会を研究する科学です。集まりについては第４章で詳しく学びますが、ここでは関係に注目したいと思います。社会学にとっての関係とはどんなことなのでしょうか。

この節で学んでいる相互行為こそ、人と人との関係を行為の側面から表現したものです。社会は相互行為という関係で成り立っています。言い換えれば、相互行為のひとまとまり、つまりワンセットが社会（society）と呼ばれるものです。大小問わず、あらゆる社会は相互行為によって形成されており、それゆえ相互行為は社会の基本単位なのです。

社会とは、複数の人の間で取り交わされる相互行為のひとまとまり、つまり相互行為のワンセットとなるわけですから、最も小さな社会は、少人数からなるわずかな時間の相互行為となります。これより大きなどんな社会でも、このような小さな社会を何らかのかたちで含んでいます。

アヤがキャンパスでリナとサキに出会い、「リナちゃん、サキちゃん、おはよう！」「今日のゼミちゃんと準備した？」「自信ないなぁ」というように数十秒会話を交わす、そのような相互行為のワンセットが最も小さな社会なのです。

アヤがキャンパスでリナとサキに出会い、数十秒会話を交わす、
そのような相互行為のひとまとまり（ワンセット）が最も小さな社会

図2.6 ● 相互行為のひとまとまりが社会

本書では第１章「規範」を出発点に社会学をその基本から解説しています。そして、前節で述べたように、規範と価値が行為のかたちで初めてその存在が明らかになるのであれば、行為こそが社会の基本単位のような気もします。社会の基本単位は、相互行為なのでしょうか、あるいは、行為なのでしょうか。

行為は、それ自体独立に存在しているように見えますが、実は、相互行為を成立させるための部分に過ぎず、現実の世界では、あくまで相互行為が行為に先行しているのです。行為は、いつも相手を想定してなされます。そして、ある行為のお返しとして、お返しがなされない無視や拒絶も含めて、相手からの行為がなされます。それが相互行為です。ですから、行為は常に相互行為の一部なのであり、相互行為の中で初めて存在意義を持つのです。行為とは全体としての相互行為の一部を、説明の便宜を図るために、社会学の理論的な立場から切り取った概念なのです。

サキとユカ（第３章で登場するキャラクター）が、「アヤさん、こんにちは」と声をかけたとしましょう。アヤは「あっ、サキちゃん。一緒にいるのは大学院生のユカ先輩ですね」と答えます。最初になされたサキとユカによるあいさつは１つの行為ですが、それは相手であるアヤに対してなされたものであり、アヤの返事（無視や拒否であってもよいのです）によって初めてそのシーン、つまり相互行為が完遂します。あいさつや返事という個々の行為は、相互行為の一部に過ぎず、理論上は分離可能ですが、現実には、相互行為、あるいは相互行為のひと揃い（ワンセット）と、切り離されて独立に存在するわけではないのです。

第3章

役　割

3.1　地位と役割

それじゃ結局
ダンス部には
入らなかったの？
別にダンスは
好きじゃないからねぇ
げっそり…
でもそのようすだと
熱烈に勧誘された
みたいね
なんでわたしなんかを…
きっとアヤちゃんにダンスの
才能があったからだよ
そんなこと―
「キミは細かいことが得意そうだから
ぜひ会計係をしてくれ」
って言われたよ
スッ

おやサキ
遅い昼食だね
知り合い？
ええ、そうよ
どうも
学部の後輩
…にしては
ちっちゃいか
ちまっ
あ、はい…
それならわたしのほうが
ずっと先輩なんだ！
失礼な子だねぇ、キミは！
どうせサキと同じ学年なんだろ？
後輩としての「役割」を
しっかりと意識しなさい！

ちなみにキミらの
ゼミの先輩でもある
先輩!?
あ、そういえば前に
中学生くらいにしか見えない
先輩がいるって話を
聞いたような…
なぬ！誰だ
そんな失礼な噂をしている
子は！
最近の若者は「地位」と
「役割」の重要性を
軽んじている！
さっきも「役割」って
言ってましたよね
どういうことですか？

どういうことも何も
「役割」は「役割」だよ
ああ、はいはい
習ったよね
パンにはさんで食べても
美味しくないわよ
えっと…
…役割ってなんだっけ？
どれどれ、それじゃ
わたしが先輩だと
いうことを証明して
あげようか
役割の話をする前に
「地位」のことから
説明しよう

◆ 地　位

地位って会社でいうと社長とか部長とかそういうのですよね？
いや、社会学ではもっと広い範囲の概念でとらえているよ
へえ～～
アメリカの社会学者であるタルコット・パーソンズ（Parsons Talcott, 1902-1979）は地位（status）をこう表現している
行為者が他の行為者たちに対応して、社会体系のなかのどこに「位置」するかという側面
社会の中の自分の立場が地位なんですね
別の言い方をすれば、地位とは相互行為をする人たちのつながり方を一定の範囲内で固定化して具体的に見えやすいかたちに表現したものなのよ
そうごこうい？
相互行為とは行為と行為のやりとりのこと！
つながり方が固定化されるってことは行為に制限が生まれますね
ひゃあ すみません！

それじゃ、仲の良い２人がお互いに「恋人という地位」にあれば浮気とかの行動は制限されるってことだよね
そうだねぇ 恋人たちの間においてふさわしい相互行為がどのようなものなのかは個人差や時と場合によるところもあるけれども その地位からあまりにも外れた行為は制限されるはずね
会社員という地位だったら、上司には逆らいにくいだろうし
学生や生徒という地位なら先生の言うことはフツー聞きますよね
先輩と後輩の関係も同じじゃないのかしら
はっ・・・
先ほどは失礼いたしましたぁ
わかればよろしい

◆役割

地位はわかりましたけど役割ってなんでしたっけ？
今キミたちがしたことさ
え？
役割（role）とは地位の中身のことよ
パーソンズはこう言ってるわ
行為者が他の行為者との関係においてどのようにふるまっているか、という側面
地位が決まればその地位にふさわしいふるまいや行為が決まる
それを役割というのよ
大学生という地位の中で先輩とのつながりでわたしたちは後輩ということですね
だから先輩を敬うのがふさわしいふるまいってわけか

そのとおりだ
たとえばキミ
キミは細かいことが得意そうだから
会計係に向いているね
わたし、みんなから
どんな風に見えてるんだろう…
それじゃキミが仮にある部活の
会計係という地位にあったとしよう
会計係という地位には
会費の徴収や銀行口座の管理などの
金銭管理全般にかかわる役割がふさわしい
つまりキミには
そういう仕事を期待されることになる
期待される？
そう
役割の内容とは究極には
当事者たちがその役割を担う
何を期待しているかによって
決まる
つまり役割期待
（role-expectation）ね

もしも会計係の果たす役割には買い出しが入っているものだとみんなが期待していたら買い出しも会計係の仕事になるってことですか？
その集団でそれが当然期待されるものであるならばそうなるね
1つの地位につき役割が1つだけとは限らないわよ
会計係という地位には金銭管理全般にかかわる役割があると同時に他の役割を持つこともあるってこと？
そうだ
部のお金を扱うという主たる役割の他にもヒラのメンバーや後輩から見れば指導的立場という役割を持つだろうし
部のOG、OBから見れば後輩という役割を持つことになる
1人でいくつもの役割を持ってるんですね
そう、それが人間だ
部活という小さな社会の中での会計係という地位があってその地位に付随してさまざまな役割があるということですね

部の中での地位があれば
ゼミの中での地位もある
家庭の中の地位があるだろうし
バイト先での地位もあるだろう
ただし、いくら他に多くの地位を
持っていようとも部の仲間から
見ればキミは部の会計係だ
会計係
としての地位
その他の
役割
金銭管理全般に
かかわる役割
新入部員
勧誘員
としての
役割
ミーティングに
出席する役割
後輩に対しての
指導的役割
部のOG.OBに対しての
後輩としての役割
会計係としての地位にふさわしい
人はいくつもの役割を担っているのね
他の集団での地位や
役割とは関係なく
部内では会計係の
地位と役割を
全うすることが
求められるわけですね
役割とは常に一定のものではなく
その場でふさわしい行為を実行した
結果とも言えるわね
そうやってその場にふさわしい行為をすることを
役割遂行（role performance）や
役割実現（role enactment）と
呼んでいるわよ
ただし役割遂行は
期待されている
役割の内容を
完璧に実行することが
求められている
わけじゃないよ

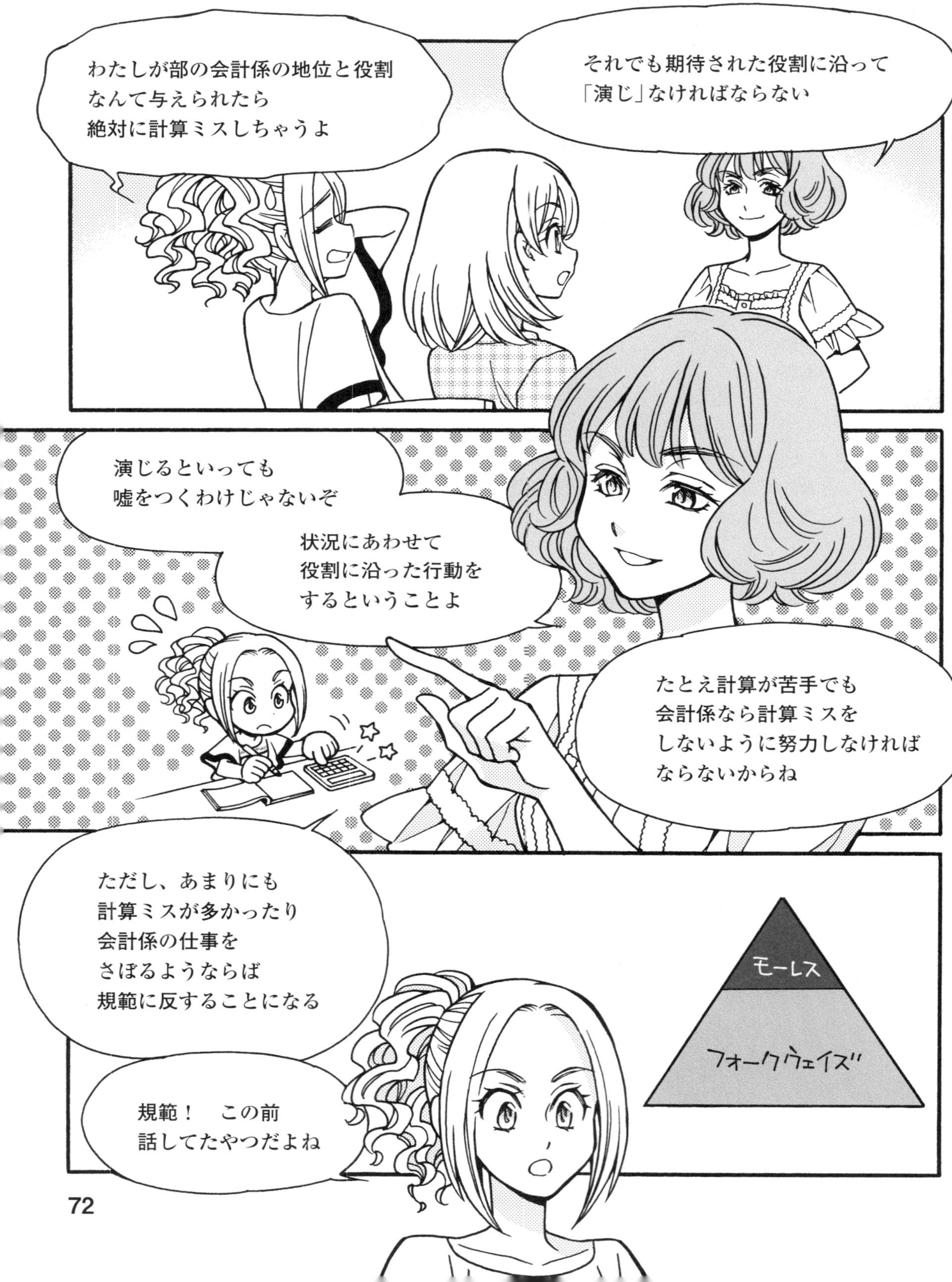
わたしが部の会計係の地位と役割なんて与えられたら絶対に計算ミスしちゃうよ
それでも期待された役割に沿って「演じ」なければならない
演じるといっても嘘をつくわけじゃないぞ
状況にあわせて役割に沿った行動をするということよ
たとえ計算が苦手でも会計係なら計算ミスをしないように努力しなければならないからね
ただし、あまりにも計算ミスが多かったり会計係の仕事をさぼるようならば規範に反することになる
モーレス
フォークウェイズ
規範！　この前話してたやつだよね

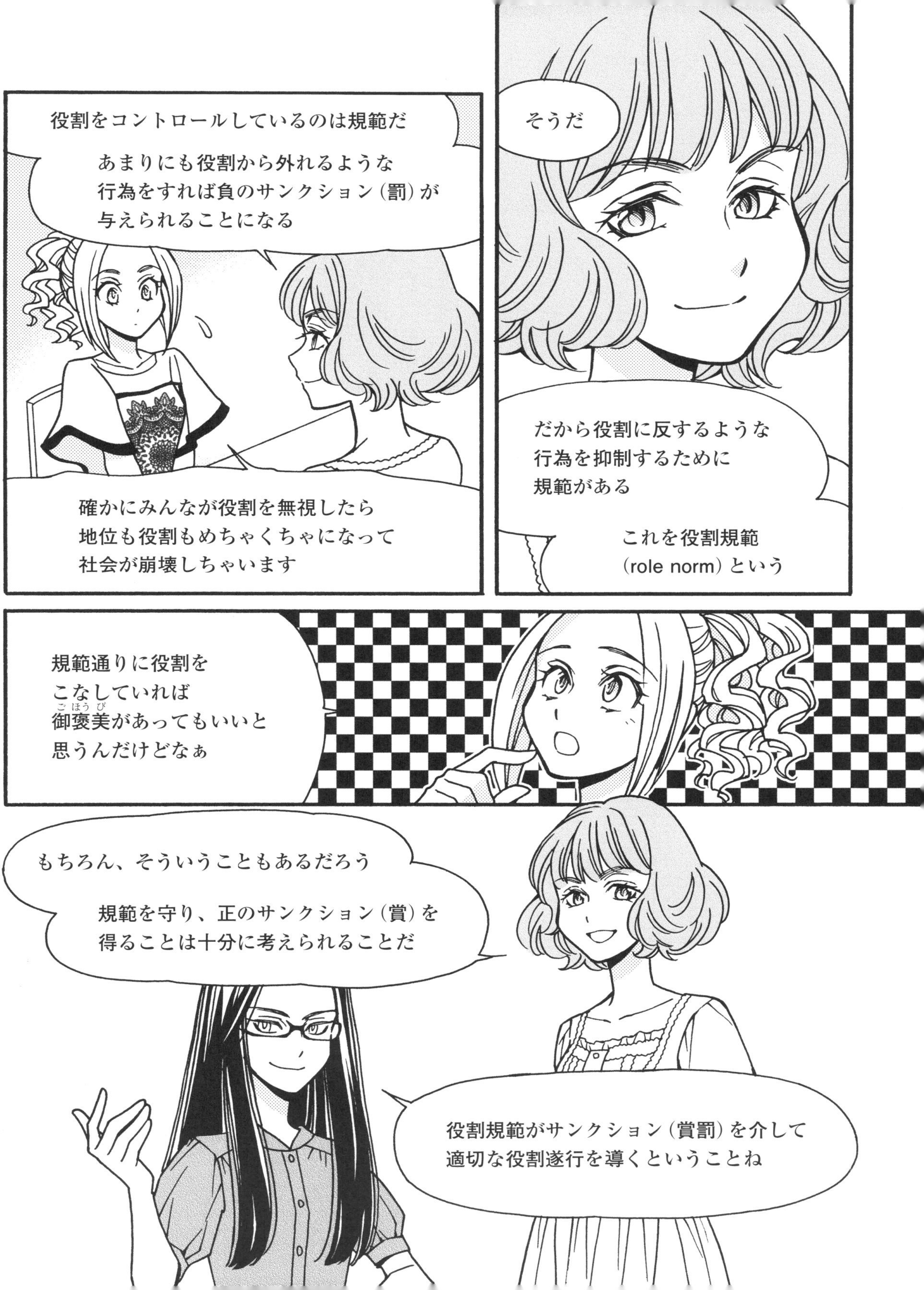
役割をコントロールしているのは規範だ
あまりにも役割から外れるような行為をすれば負のサンクション（罰）が与えられることになる
確かにみんなが役割を無視したら地位も役割もめちゃくちゃになって社会が崩壊しちゃいます
そうだ
だから役割に反するような行為を抑制するために規範がある
これを役割規範（role norm）という
規範通りに役割をこなしていれば御褒美《ごほうび》があってもいいと思うんだけどなぁ
もちろん、そういうこともあるだろう
規範を守り、正のサンクション（賞）を得ることは十分に考えられることだ
役割規範がサンクション（賞罰）を介して適切な役割遂行を導くということね

でも１人が いくつも役割を 持っていたら困ることも あるんじゃないですか？
困ること？
うん 会計係の会費徴収という役割と 後輩という役割を同時に 持っていたとするよね
会計係として会費を期限までに 集めなくちゃいけないけど もしも先輩に会費を来月まで 待ってほしいと言われたとしたら どうなるの？
お金を集めるという 会計係としての役割と 先輩の頼みを聞くという 後輩としての役割が 矛盾してるんだ
お願いっ！
その場合は 金目のものを 担保として預れば いいと思うわ
いや、それは やり過ぎでしょ…

◆ 役割葛藤

今の話は現実に起こりうることだね いや、その例に限らず役割同士が 矛盾することは日常茶飯事だ これを役割葛藤（role conflict）という
人間は多くの地位と役割を 複数持つことで 多くの葛藤や矛盾を抱えながら 生きているのさ
まぁ、そういう苦しみがあるからこそ 人生は楽しいんでしょうけど
今まで人とかかわることが 少なかったから、わたしは 役割葛藤で悩むことも 少なかったなぁ
役割は自分で獲得することも あれば強制されることもある
自覚的に役割を 取得することもあれば 気づかないうちに身につけて していることもあるのよ
社会の中で生きている以上 人は多くの役割を演じて 生きていかなければならない
地位や役割って わたしたちの生活や社会に とっても大切なものなんですね

あの、今さらなんですけど
お名前をお聞きして
いいですか？
わたしはユカよ
キミたちは？
リナです
アヤです
これも何かの縁だね
これからも何かわからないことが
あったら質問してくれて構わないわよ
はい、ユカちゃん♪
こら！　先輩をちゃんづけで
呼ぶな！
後輩の役割として
期待されるふるまいをだな！
先輩が
怒ったー！

フォローアップ

3.2　地位と役割を復習しよう

■ 地位の定義

もし有名な社会学者の名前を１人だけ挙げてくださいと聞いたとしたら、パーソンズです、と多くの学者が答えるほどタルコット・パーソンズ（Parsons, Talcott　1902-1979）は、影響力のある社会学者です。彼のことを保守的な学者だと思っている人も多いのですが、ベトナム戦争反対の立場も表明した、20世紀のリベラルなアメリカが生んだ最高の知性の１人です。

パーソンズは、社会を固定的かつ静的な実体としてではなく、動的な働きとしてとらえる機能主義（functionalism）の視点から現代社会学の基礎を拓いた研究者でした。規範や行為については、第１章で取り上げたサムナーのようなアメリカの初期の社会学者や、第２章で取り上げたヴェーバーのようなヨーロッパ大陸の社会学者も注目してきましたが、本章で取り上げる地位と役割について、まとまったかたちで論じられはじめるのは20世紀半ばからであり、その中心がパーソンズだったのです。

パーソンズによれば、地位とは「行為者が他の行為者たちに対応して、社会体系のなかのどこに「位置」するかという側面」（Parsons 1951=1974：p.32）のことです。地位（status）とは、ある人が社会の中で占める位置もしくは立場のことです。地位は、ある程度、固定化、安定化した人びとの相互行為を介してのつながりを、可視的かつ具体的に表現しています。

第２章「2.4　相互行為」で学んだように、社会全体の側から見ると、社会は相互行為のひとまとまりとして定義されますが、メンバーである個々の側から見れば、その人たちが社会の中で占める位置、もしくは立場のひとまとまりとして定義できます。つまり、地位の集合として社会を把握するということです。相互行為は、個々の行為を個人からいったん切り離し、行為のシステムという視角からながめた全体的なとらえ方なのに対して、地位は、相手とのつながりを個々の視角から局所的にとらえた見方なのです。

■ 地位は相互行為を可視的かつ具体的に表現する

恋人同士を例にとってみましょう。双方にとって、相手は親密な恋人という地位を占めています。２人がおりなす相互行為は時と場合に応じて変化するでしょうが、この恋人という地位があるがために、一定の範囲内で予測可能でもあります。恋人以外とデートに出かけることは普通しませんし、恋人以外と親密になる可能性も本来は低いはずです。

地位は、相互行為をなす人びとによる相互のつながり方を、一定の範囲内で固定化、安定化し、具体的に見えやすいかたちに表現したものに他ならないのです。恋人というインフォーマルな地位に比べると、会社での上司と部下、学校での教師と生徒、宗教団体での教祖と信徒といった、よりフォーマルな集団の中での地位は、一層関係を固定化、安定化しており、相互行為の揺らぎの幅はさらに小さくなります。部下、生徒、信徒は、たいていの場合、それぞれの上司、教師、教祖の命令に従うことでしょう。そこでの人びとの関係は、当事者たちの地位によって、可視的かつ具体的に把握することが可能なのです。

■ 役割の定義

パーソンズは、「行為者が他の行為者との関係においてどのようにふるまっているか、という側面」（Parsons 1951=1974：p.32）を役割と呼びます。役割（role）とは、特定の地位に対応した行為の様式、つまり、ある人の地位にふさわしい行いのことです。いうなれば、地位の中身が役割なのです

大学でアヤが、部の会計係という地位を占めている例を考えてみましょう。アヤの会計係にふさわしい行いとは、メンバーからの会費徴収、銀行口座や印鑑の管理、予算出納といった、部における金銭の扱いですね。会計係である以上、部の金銭管理全般にかかわる行いを、役割として期待されることになります。

地位の具体的内容である役割は、同じ名称の役割であれば、その社会によってある程度定められているものの、究極には、当事者たちが、個々の地位を占めている人にどのような期待をしているか、すなわち役割期待（role-expectation）によって決まります。そのために、同じ会計係という地位の名称であっても、団体ごとにその役割は微妙に異なることが多いのです。

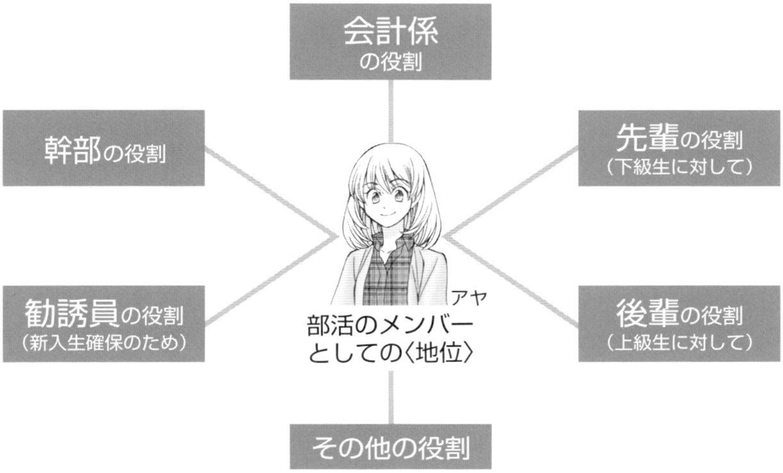

図3.1 ● 地位の中身としての役割

■ 1つの地位に複数の役割が付随する

アヤが会計係として担う役割は、部の金銭管理全般だけなのでしょうか。それは違うでしょう。ヒラのメンバーや後輩に対しては指導的立場、部のOG／OBに対しては後輩としての役割が考えられます。上級生から指示を受け、同級生とは相談をし、下級生には指示を与えるわけです。春の新学期には、新入生確保のための勧誘員としての役割も欠かせないでしょうし、部の幹部として学内の他団体や学外の部と連絡を保つ役割も考えられますね。また、部で大きなトラブルが生じた際には、部長ら幹部一同とともに大学教職員と話し合う役割も生じるでしょう。このように、会計係であるということは、1つの地位に付随する複数の役割を同時に引き受けることを意味しているのです。

3.3 社会はドラマ、個人は役者

■ 役割は演技される

人間全体や人格まるごとというとらえ方を社会学はしません。人びとの相互行為の側面を役割に置き直して考えていくのです。以下に述べる、役割遂行、役割実現、役割演技のコンセプト群は、社会をドラマに、個人はそれを演じる役者にたとえると分かりやすいでしょう。

１つの地位とそれに付随する役割が、決して、その人のすべてを表しているわけではありません。たとえば、リナの特定の相手に対する恋人としての地位は、生活において大きな部分を占めてはいますが、決してすべてではないでしょう。これ以外にも、授業、アルバイト先のカフェ、家庭、アヤ、サキ、ユカたちの仲間集団といったさまざまな相互行為の場を有しており、そこでの異なった地位とそれに付随する役割があるからです。しかしながら、リナは、恋人に対しては、常に恋人としてのふるまいが期待されるし、リナの恋人から見れば、リナは恋人以外の何者でもないのです。したがって、役割とはある人のその場でのふさわしいあり方を実際に遂行した姿ともいえます。これをマートンは役割遂行（role performance）と呼び（Merton 1949/57=1961：pp.291-292）、ゴッフマンは役割実現（role enactment）と呼びました（Goffman 1961=1985：pp.85-86）。

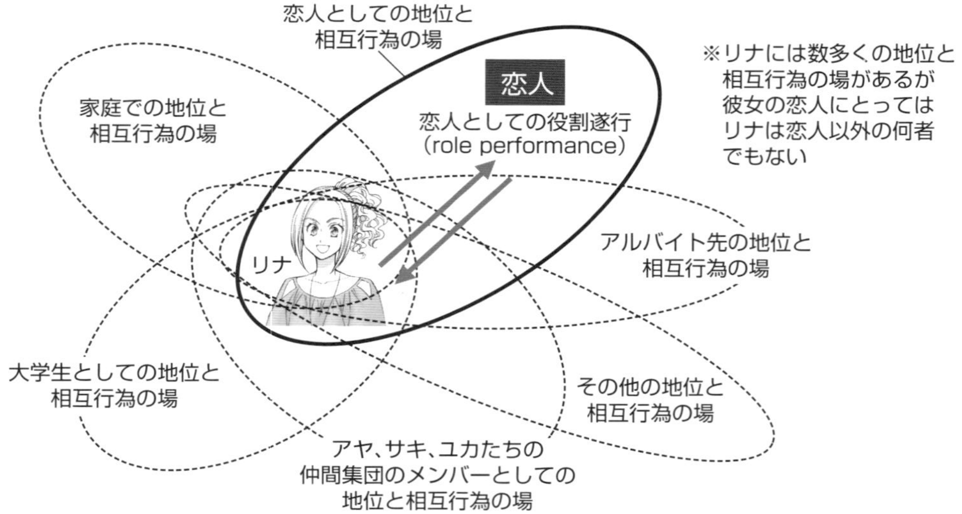

図3.2 ● 地位・相互行為の場・役割遂行

役割遂行もしくは役割実現は、期待された役割を完全に忠実に再現することを意味してはいません。個々の状況に応じて、一定の幅をもって実行されるものなのです。その意味で、役割は演技されているとも考えられます。もちろん、「演じる」といっても、嘘をついているわけではありません。その地位に見合った役割、期待されるふるまいを、個々の状況に応じて演じ分けているということなのです。役割遂行、もしくは役割実現のこの側面を強調すると、役割演技（role-playing）の概念に至ります。

RPG（ロール・プレイング・ゲーム）の普及によって、読者の皆さんには、役割演技の言葉はもはやすっかりお馴染みでしょう。RPGでは別のキャラクターに成り変わったり、ゲームをリセットしたりすることで役割演技を劇的に変化させることが可能です。現実世界での役割演技は、それに比べると変化は少なく淡々としているように感じられるかもしれません。しかしながら、現実世界の人生というこのドラマも、時には大失恋や大失敗といった大荒れの日もあります。社会学の概念である役割演技にも、与えられた役割の内容をあえて意図的に演じるという意味合いがもちろん含まれています。

■ 役割は規範によってコントロールされる

役割遂行もしくは役割実現は、期待された役割を完全に忠実に再現することを意味しておらず、個々の状況に応じて、一定の幅をもって実行されるものであることは前述の通りです。脚本や台本のあるドラマにおいてさえも、役者の即興や個性によって演技に差が出てきます。まして、実際の社会において、ある人のその場でのふさわしいあり方を実際に遂行した姿である役割遂行もしくは役割実現は、役割期待に完全に合致しているわけではありません。役割期待と、役割遂行もしくは役割実現の間には常にズレがあるといってもよいでしょう。

しかしながら、このズレがあまりに大きくなると役割は成立しなくなってしまいます。個々人の役割遂行もしくは役割実現が、役割期待と何ら無縁のふるまいとなってしまえば、地位と役割のシステムは無効となり、社会は崩壊することでしょう。そうならないように、役割に反する行為を抑制する規範があり、それは役割規範（role norm）と呼ばれます。

役割規範は、規範一般と同様に賞罰であるサンクションによってその働きが担保されます。役割規範を守れば、賞として正のサンクションが、違反していれば罰として負のサンクションが与えられるということです。言い換えれば、役割規範がサンクションを介して適切な役割遂行もしくは役割実現を導く、とも表現できるのです。

生徒が教師の指示に従うのは、生徒としての役割期待に応えるのと同時に、役割規範に従った結果でもあるのです。課題を忘れたり、反抗したりすれば、叱られたり、改めて指導を受けたりすることになります。逆に、優秀な課題を提出すれば、ほめられることになるでしょう。ここで、教師が生徒を叱ることや追加指導は負のサンクション、ほめることは正のサンクションに該当するのはいうまでもありません。

■ 矛盾する複数の役割の間で板挟みとなる

人は役割葛藤によって板挟みとなることもあります。複数の役割が矛盾を起こす状態を役割葛藤（role conflict）と呼びます。人生上、役割葛藤は避けては通れません。それはむしろ社会にとってはごく当たり前な状態ともいえます。

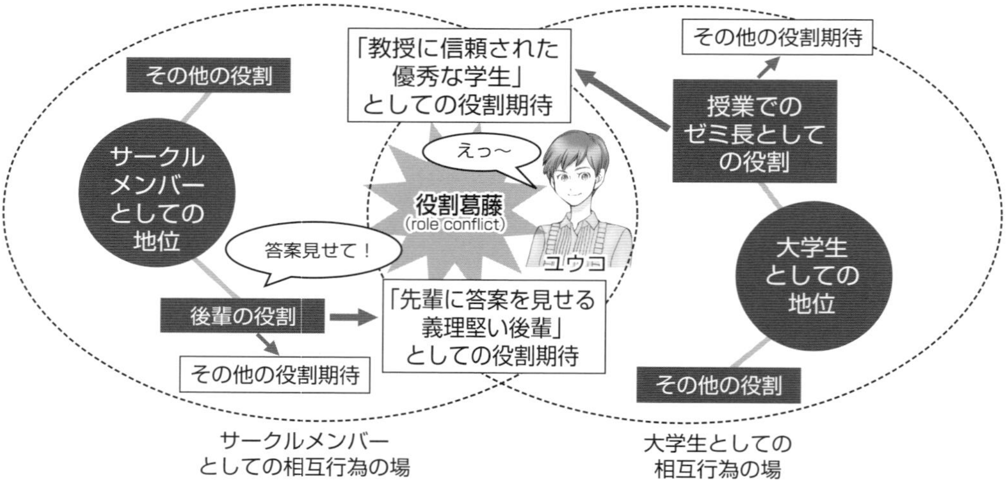

図3.3 ● 役割葛藤

ここでは、アヤ、サキ、リナが所属する大学のゼミのゼミ長であるユウコの例を考えてみましょう。ユウコは指導教授から厚い信頼も勝ち得ています。しかしながらサークルの先輩から、こともあろうに指導教授が監督する期末試験で、答案をこっそりのぞかせてくれないかと頼まれてしまったのです。この科目を落とすと卒業があぶない先輩は土下座までしてきました。お世話になった先輩からの依頼は断りづらいですね。でも、カンニングがバレれば、退学処分となってしまいます。バレないまでも、不正行為は、自分を信頼してくれる指導教授に対しての裏切り行為であり、ユウコは良心の呵責を強く感じます。ユウコの中で、教授から信頼された優秀な学生という役割期待と、先輩のためなら危ない橋も渡る義侠心ある後輩という役割期待がかち合っているのです。このように複数の役割が矛盾を起こす状態が役割葛藤です。この事態をとらえ、パーソンズは役割葛藤を「双方の役割期待の完全な実現がじっさいには不可能であるような、正当化された役割期待の葛藤しているセットにたいして行為者をさらすこと」（Parsons 1951=1974：p.280）と述べています。こちらを立てればあちらが立たず、役割葛藤にある矛盾した役割期待同士では、双方の実現など最初から不可能なのです。

■ 役割葛藤がもしなかったら

役割葛藤は辛いことに違いありません。自分の受け持っている役割がすべて矛盾なく調和しているのならば、これほど楽な人生はないかもしれません。しかしながら、それでは、ずいぶん平坦で、生きがいのない人生でしょうね。複雑な現代社会では、実際にはそんな人はいないはずでしょうけれども。指導教授と先輩との間で板挟みとなる例はむしろ単純なケースであり、現実の生活では、私たちは矛盾、錯綜する多数の地位と役割を併せ持っており、日々、役割葛藤のただなかで生きているのです。また、それを楽しむことさえ多々あるかもしれません。

複数の役割が葛藤を起こす場面の分析や研究は、社会学の原点です。もし、役割葛藤のない単純な世界に私たちが生きていたとしたら、そこには役割という発想も生まれなかったでしょうし、そもそも社会を科学的に分析しようとする社会学自体も成立しなかったかもしれません。

第4章

集まり

4.1　集まりから集合行動へ

酢豚のパイナップルを
親の敵のように
憎んでいる
という会話から
聞いているわ
いつの間に！
そんな話
してないよ
サキは何してるの？
ユカ先輩にあるものを借りに
ゼミ室へ行く途中よ
何を借りるの？
大丈夫
日本の法に触れるような
モノじゃないわ
たぶん
ぜんぜん
疑ってないって
たぶんって…

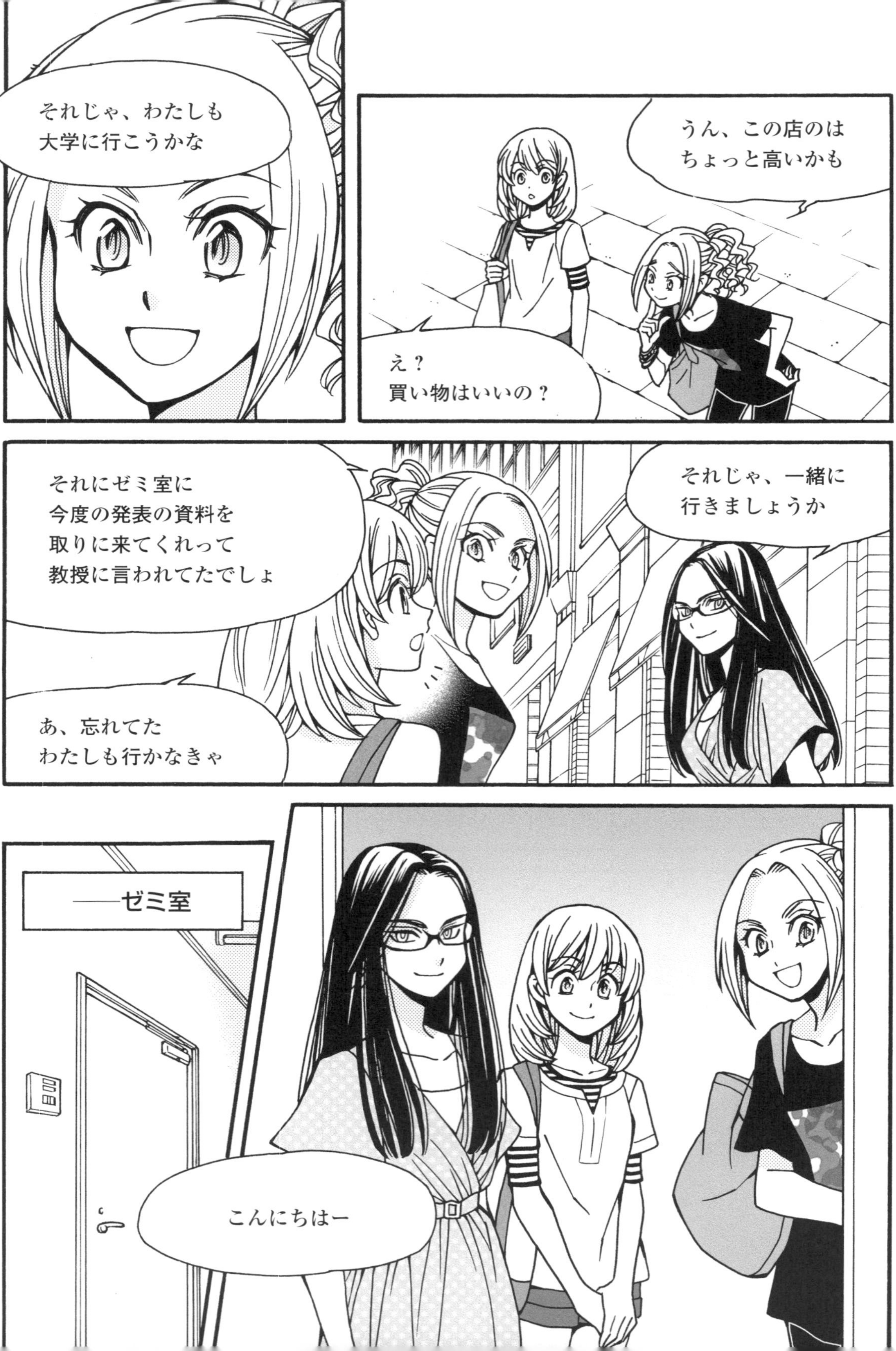

それじゃ、わたしも大学に行こうかな
え？ 買い物はいいの？
うん、この店のはちょっと高いかも
それにゼミ室に今度の発表の資料を取りに来てくれって教授に言われてたでしょ
あ、忘れてた わたしも行かなきゃ
それじゃ、一緒に行きましょうか
――ゼミ室
こんにちはー

◆集団

おや 仲良し３人組で ご登場ね
母の誕生日 プレゼントを 選んでいる途中で ２人に会ったんです
はい、これが 例のモノ
あれはなんだろう…
そうだったの 母親にプレゼントとは なかなか殊勝な 心がけじゃない
家族は 意味のある 集団だものね

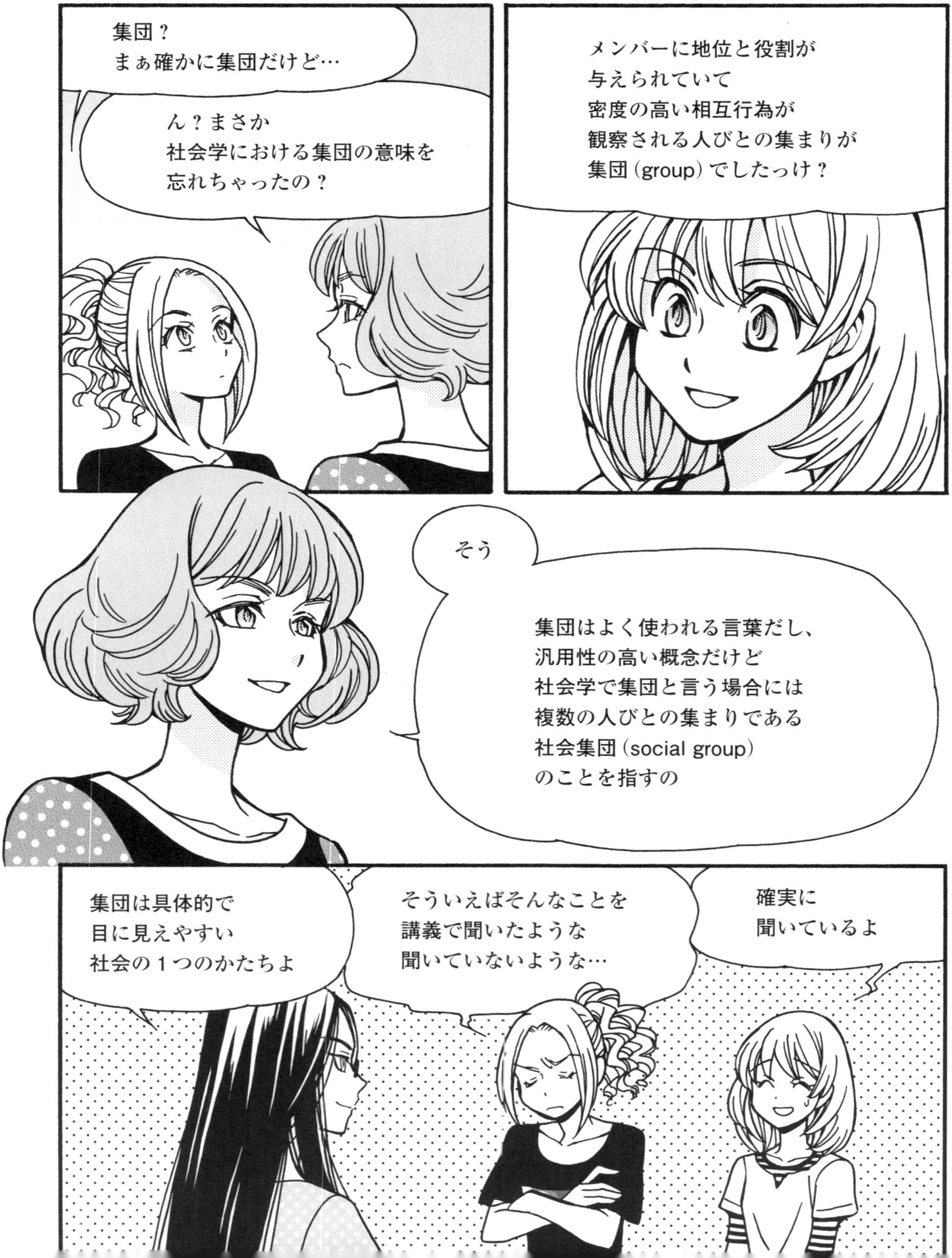

集団？まぁ確かに集団だけど…
ん？まさか社会学における集団の意味を忘れちゃったの？
メンバーに地位と役割が与えられていて密度の高い相互行為が観察される人びとの集まりが集団（group）でしたっけ？
そう
集団はよく使われる言葉だし、汎用性の高い概念だけど社会学で集団と言う場合には複数の人びとの集まりである社会集団（social group）のことを指すの
集団は具体的で目に見えやすい社会の１つのかたちよ
そういえばそんなことを講義で聞いたような聞いていないような…
確実に聞いているよ

集団のメンバーという地位を得ることによってそれに付随する役割も期待される
あ、それはこの前勉強しましたよ
母親なら、子どもたちからは母にふさわしい役割が期待されるってことですよね
妻
母
母(妻)
父(夫)
長女(姉)
次女(姉・妹)
長男(弟)
同時に配偶者からは妻にふさわしい役割が期待されるわ
1つの地位に複数の役割が存在することもあるんだったね
単に人が集まっただけではなくメンバーに地位と役割が付与された集まり
それが集団というわけ
なるほど！
それじゃ家族は確かに集団ですね

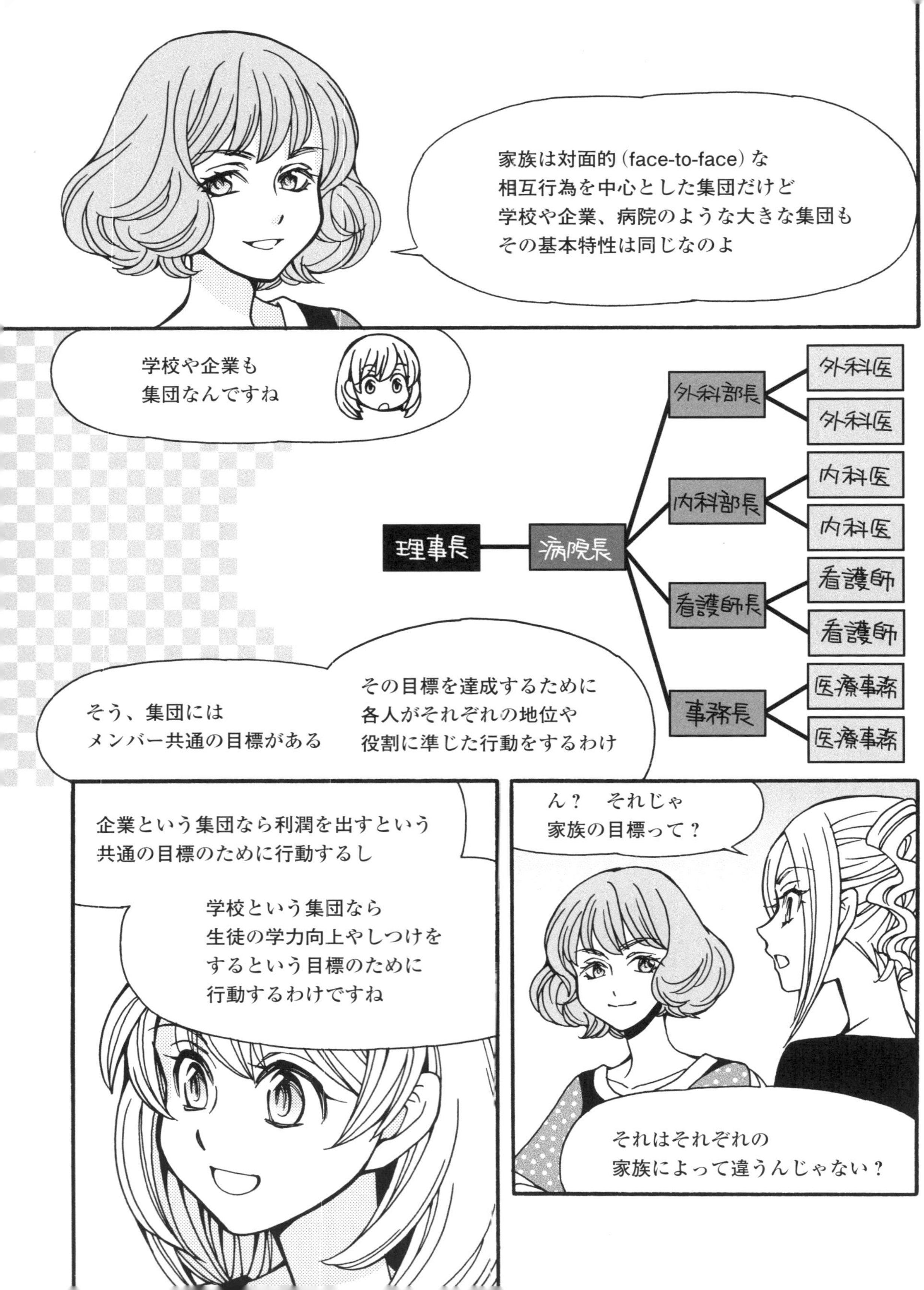

家族は対面的（face-to-face）な相互行為を中心とした集団だけど学校や企業、病院のような大きな集団もその基本特性は同じなのよ
学校や企業も集団なんですね
理事長
病院長
外科部長
外科医
外科医
内科部長
内科医
内科医
看護師長
看護師
看護師
事務長
医療事務
医療事務
そう、集団にはメンバー共通の目標がある
その目標を達成するために各人がそれぞれの地位や役割に準じた行動をするわけ
企業という集団なら利潤を出すという共通の目標のために行動するし
学校という集団なら生徒の学力向上やしつけをするという目標のために行動するわけですね
ん？　それじゃ家族の目標って？
それはそれぞれの家族によって違うんじゃない？

多くの家族は両親である
夫婦の愛情と子育てを中心に
家族のみんなが幸福に暮らせるように
衣食住を整え、保持することが
目標というのが主要な機能でしょうね
我が家の目標は
世界征服！
とかは？
大きな目標を
持つことは
いいことね
…本当に？
いずれにせよ集団には
メンバーに共通した目標がある
そのためにメンバーは
各人に与えられた地位と役割を
こなしていくというわけなの
そこには
われわれ意識（we-feeling）
と呼ばれる所属する集団特有の
連帯意識と共有感情が
生まれるのが普通よ

部活動のチームの連帯感とか？
そうね
部活動に限らず
趣味のサークルやゼミだったとしても
そういった意識は集団内の相互行為の密度が
高まれば高まるほど強くなっていくわ
今まで集団に入ることを
避けてきたから
友だちが少なかったのかな…
あっ
人が集まっていたら何でも
集団っていうわけじゃないんだね
社会学では
そういうことになるわね
それじゃ偶然バスに
乗り合わせた人とかは？
それは集団ではなく
単なる集まりだね
集まり？

◆ 集まり

集まり（gathering）とは
安定して持続する集団とは異なり
一時的な人びとの集合を指す言葉だ
ちなみに広義の集まりは
集団と狭義の集まりを包含している
【集団】
共通の目標や
地位・役割を持つ
人びとの集合
【（狭義の）集まり】
不安定な、一時的な
人びとの集合
広義ではどちらも集まり
それじゃ偶然バスに
乗り合わせた人たちとかは
集団とは区別された
集まりなんですね
駅のホームに並ぶ人びとや
スタジアムに集まった人びとなど
そういった見知らぬ人同士の
集合が集まりよ
バスに乗っている人は
いつも同じとは限らない
途中で降りる人もいれば
新しく乗ってくる人もいるわね
そんなふうに集まりは不定形かつ
持続しにくいという点で
集団と大きく異なるわ
ところが、集まりが
集団に近い存在に
変化することがあるのよ
え？ 見ず知らずの
人同士なのにですか？

はい！
この前バスの中で急病人が出たことがあったんだけど
そのときはバスに乗っていた人たちみんなで協力してその人を助けたんですよ
あのときは「助けなきゃ」っていう連帯感みたいなものがあって
集まりというよりは集団っぽかったです！
うん、それはまさに集まりが集団に近い存在へ変わった例だね
人を助けるという目的の下に密度の高い相互行為をなすようになったんだ
集まりと集団って紙一重なんですね
紙一重でもあるし連続しているともいえる

さっきのリナの話を例にとれば
病人を介抱する人
運転手に知らせる人
救急車を呼ぶ人など
それぞれが役割を
演じることになる
運転手
乗客
乗客
乗客
病人
乗客
乗客
緊急時には集まりが集団に近似する
バス会社に連絡する運転手
手助けする人
救急車を呼ぶ人
乗客
病人
倒れた乗客の荷物を持つ人
介抱する人
倒れた人を助けるっていう
目標のために
役割が生まれるんですね
目標
そう、そして
大都市の雑踏や
公的空間にありがちな
「無関心を装ったほうが
便利である」
という価値が一時停止し
「有事には助け合おう」
という
規範が発動することになる
やっぱり
人間って
温かいね
でも集まりには
恐ろしさも
隠れているものだよ
恐ろしさ？

◆ 集合行動とパニック

あいまいな情報が与えられたり
不安感が高まったりした集団に
何が起こるかわかるかしら？
え？
みんな困る
とか？
それくらいで済めばいいけど
場合によってはパニックや
より攻撃的なモップ※を
引き起こすことになるわ
※102ページ参照
ほかにも敵意の噴出や
扇動者などによっても
パニックやモップが
引き起こされることもある
そういうのを
集合行動って
いうんでしたっけ？
そう
アメリカの社会学者スメルサー
(Smelser, Neil J. 1930-) によれば
集合行動 (collective behavior) とは
「社会的行為を再規定する
信念による動員」
のことで
つまりは複数の人びとからなる
集まりによる非制度的な行動全般を
指すものなのだよ
集まりが集団とは
違うかたちに変化することも
あるってことよね

ガタ
ガタ
ガラ
うわっ…！
地震？
結構
大きかったね
あれ
ユカ先輩は？
いた…
わたしが怯えていることは
誰にも言っちゃダメだぞ
ヨロッ
言わないわ
いつの間に…

ジリリリリリリリリリ…
ちょっと見てくる！
さっきの地震で火事でも起こったのかしら？
ひゃっ！
大変！　みんな逃げてます！
ただ今の警報は火災報知機の誤作動です
火事ではありません

あ
大丈夫みたい
コホン
えー、こういう状況で
パニック（panic）が
起こりやすくなるのである
パニックとは
「ヒステリー的
信念にもとづく
集合的逃走」
であり
集まりに含まれる人びとが
あいまいな情報と不安感の
高まりを背景に
何らかのきっかけによって
短絡的にふるまう集合行動だ
戦場、
沈没しつつある船、
火災下のビル、
金融市場などで
生じやすいと
言われているわ
それじゃ
さっきはとても
パニックに
なりやすい状況
だったんですね

さっき廊下で何人かが走ってたけど ああいうのがパニックなんですね
そのとおり。パニックとは 身体的安全を図ったり 物質的・金銭的損失を 防いだりするために 先を争って逃げ込むことだね
偶然廊下に居合わせた集まりが パニックという集合行動を 起こしたということよ
それじゃ、モッブって？
たとえばスポーツ競技場で 乱暴なプレーや 納得がいかない判定を きっかけに
相手チームや相手サポーターに 敵意を燃やす人たちが いるわよね
スポーツの試合を 見てると熱くなっちゃう ことあるもんね あおる人とかも出てくるし
そうやって特定のターゲットに対して 集合的に敵意を噴き出し それが不安や不満のはけ口と なることがあるの
場合によっては扇動者も 登場することがあるわ
これらがモッブ（mob）よ
略奪や焼き討ちなどの暴動（riot）や法に基づかない 仲間内での私的制裁や 処刑を意味するリンチ（lynching 私刑と訳すこともある）も モッブの一例だね

同じように自分を守るために
引き起こされるのだけれど
防衛的なパニックに対して
暴動やリンチなどの姿で
現れるモッブはずいぶん
攻撃的なんですね
なんだか集合行動って怖いね
いや、パニックやモッブは
集合行動の一面に過ぎないんだ
そうだよ。確か
流行や普及も集合行動
としての面を持ってるって
習わなかったっけ？
あー
習ったような…
習ってないような…
いや絶対に
習ったって
ファッションとファッド
あ！ それは覚えてる！
講義でファッションっていう
言葉が出てきたときに
目が覚めたんだよね
それまでは寝てたのか…

◆ ファッションとファッド

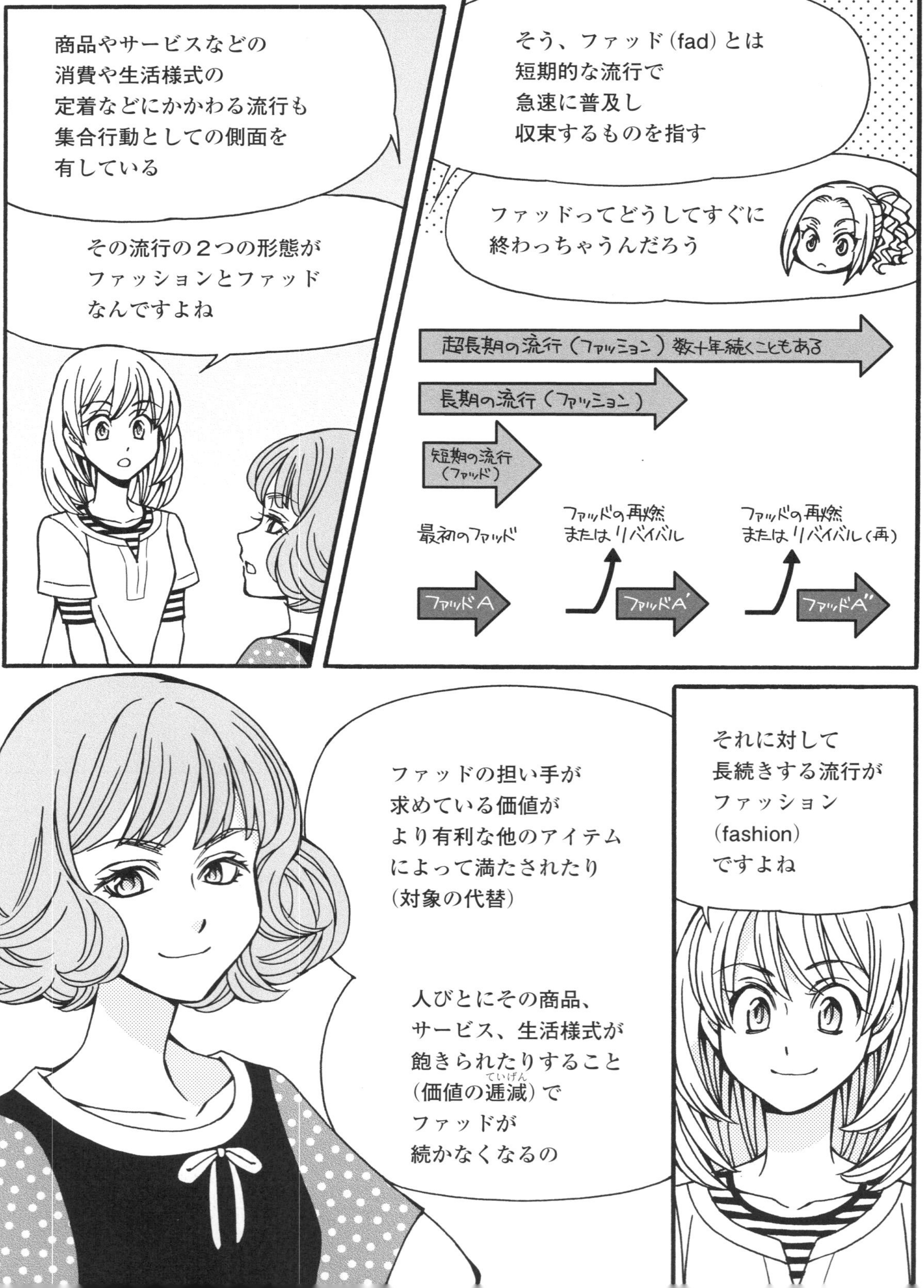

商品やサービスなどの消費や生活様式の定着などにかかわる流行も集合行動としての側面を有している
その流行の２つの形態がファッションとファッドなんですよね
そう、ファッド(fad)とは短期的な流行で急速に普及し収束するものを指す
ファッドってどうしてすぐに終わっちゃうんだろう
超長期の流行(ファッション)数十年続くこともある
長期の流行(ファッション)
短期の流行(ファッド)
最初のファッド
ファッドの再燃 または リバイバル
ファッドの再燃 または リバイバル(再)
ファッドA
ファッドA'
ファッドA''
ファッドの担い手が求めている価値がより有利な他のアイテムによって満たされたり(対象の代替)
人びとにその商品、サービス、生活様式が飽きられたりすること(価値の逓減《ていげん》)でファッドが続かなくなるの
それに対して長続きする流行がファッション(fashion)ですよね

ファッションは
短いものでも数年
長くなれば十数年前後
超長期ともなると
数十年の単位で
持続することさえあるわ
長期、超長期の
ファッションは
その社会で
慣習の座を占める
ことになるわ
※ファッションは日常で服飾を意味するが、
社会学では長期・超長期の流行を指す。
そう、それはつまり
流行を生み出した
背景にある新しい価値が
社会において安定した規範に
転化したことを意味する
大流行が次の新しい社会を
つくり出すということになるね
発表の資料は
持っていかなくて
いいのかしら
そうだ！
ママの誕生日
プレゼントは
今、流行ってる
モコモコの
靴下にしよう！
アヤちゃん
買い物付き合って
くれない？
え　あ
うん

フォローアップ

4.2 集団、集まり、集合行動を復習しよう

■ 集団としての家族

集団の定義をすることにしましょう。メンバーに地位と役割が与えられ、相互行為が観察される人びとの集まりが、集団（group）です。集団には共通の目標があり、所属するメンバー特有の連帯感も芽生えます。集団は、具体的であり、なおかつ目に見えやすい社会の１つのかたちなのです。

母親ユキナ、父親リョウ、本人リナ、妹リサ、弟ショウからなる５人の核家族を例にしてみましょう。この家族にあって、母親ユキナは、子どもたちリナ、リサ、ショウには母親としての地位にふさわしい役割、配偶者であるリョウには妻としての地位にふさわしい役割が期待されています。同様にリョウは、子どもたちには父親としての地位と役割、配偶者であるユキナには夫としての地位と役割が期待されています。本人リナには、両親には娘としての地位と役割、妹のリサと弟であるショウには姉としての地位と役割が期待されています。妹リサには、両親にはリナと同じく娘としての地位と役割、姉であるリナには妹としての地位と役割、弟であるショウには姉としての地位と役割が期待されています。そして、弟ショウには両親に対して息子としての地位と役割、姉であるリナとリサには弟としての地位と役割が期待されています。

祖母祖父がいる３世代家族や、叔母叔父など他の親族が同居している大きな家族の場合には、さらに地位と役割は増えていきます。

家族は１つの集団といえます。なぜならば、そこには個々のメンバーに定まった地位とそれに伴う役割が存在しているからです。単なる烏合の衆とは異なり、メンバーに地位と役割が付与された集まりが集団です。そして、同じ住居内で暮らす家族の場合には、普通、相当に密な相互行為もなされているはずでしょう。家族は対面的な相互行為を中心とした少数のメンバーからなる小集団（small group）の典型ですが、学校、病院、企業などのように、より大きな集団もその基本特性は共通しています。

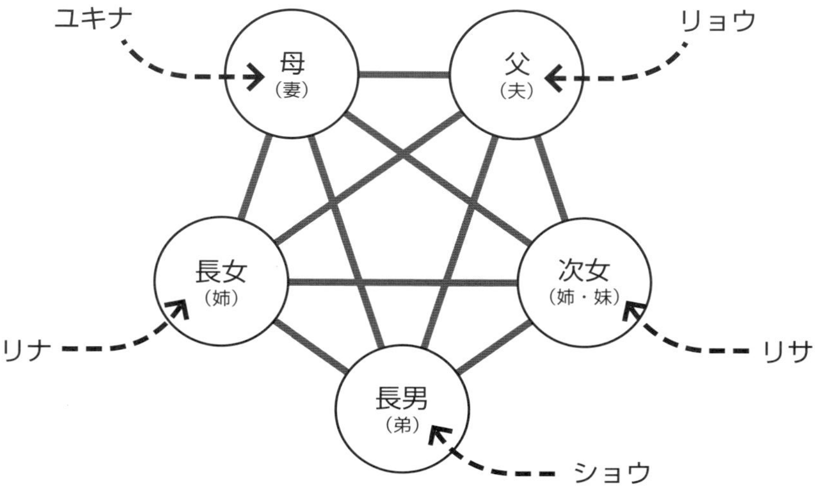

図4.1 ● 集団としての家族のイメージ

■ 集団の共通目標とわれわれ意識

集団のメンバーに、それぞれの地位と役割が与えられているということは、各自の行動を通じて果たすべき、メンバー共通の目標が存在しているということでもあります。学校の目標は教育を通じての生徒たちの修学、育成やしつけ、企業の目標は利潤追求を中心に、副次的には社会貢献というように。

集団にはメンバーに共通した目標があり、それがためにメンバーは各々の与えられた地位と役割をこなしていくのです。そこには、われわれ意識（we-feeling）と呼ばれる所属する集団特有の連帯意識と共有感情が生まれるのが普通です。スポーツ競技でのチームの連帯感や、娯楽・趣味のクラブ、サークルの仲間意識などが、強固なわれわれ意識の例としてあげられるでしょう。そして、われわれ意識は、集団内の相互行為の密度が高まれば高まるほど、強く深く醸成されていきます。

■ 集まりの定義

広義の集まりは、狭義の集まり（以下、狭義の集まりを集まりと表記）と集団に大別されます。安定しており、一定の期間持続する集団に比べると、集まり（gathering）は不安定で一時的な人びとの集合です。

複数の人びとが集まれば、必ず集団になるわけではありません。駅などで電車を待つ人びとの行列や、スタジアムやライブ会場に集まった人びとは、その中に家族や友人などの集団が含まれていることもありますが、全体としては、見知らぬ多人数が滞留しているに過ぎません。これらは集まりと呼ばれ、集団とは区別されます。

大都市の駅で電車を待っているとしましょう。関西圏あるいは首都圏のターミナル駅では、一日に100万人を超える乗降客があることも珍しくありません。そのような駅で電車を待つ人びとの行列に顔見知りを見つけることは滅多にありません。行列に並ぶもの同士で親しく会話を交わすことも、普段は少ないでしょう。

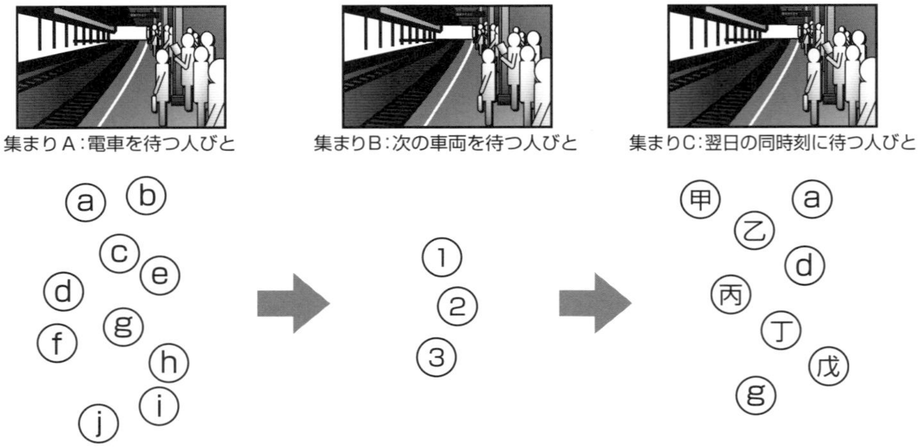

集まりA：電車を待つ人びと
集まりB：次の車両を待つ人びと
集まりC：翌日の同時刻に待つ人びと
a
b
c
e
d
g
f
h
j
i
1
2
3
甲
a
乙
d
丙
丁
戊
g

図4.2 ● 大都市の駅で地下鉄を待つ人びとの集まりのイメージ

■ 集まりは、不安定で一時的な存在

ホームで電車を待つ人びとの行列は、ずっと同じ状態でそこにあるわけではありません。改札からは続々と新しい乗客が進んできます。中には気が変わって、行列から離れる人もあるかもしれませんね。到着した車両のドアが開けば、行列の人びとは、中に吸い込まれるように駆け込んでいきます。行列を形づくる人びとは、刻々と変化しており、一時たりとも同じではありません。そして、ある人が、電車を待つ行列の中の一員である時間は、平日の混雑時であれば、ほんの数分間に過ぎないでしょう。

集まりとは、不安定で一時的な存在なのです。もちろん、同じ目的地への通勤客や通学客が多い路線、駅、時間帯、車両であれば、毎日同じような人たちが似たような時刻に利用している可能性は高くなります。それでも、別の日の同時刻に、そのホームで全く同じ行列をみることはないでしょう。このように、集まりは、不定形かつ持続しにくいという点、そして、メンバーにはっきりとした地位と役割が与えられているわけではないという点で、集団と大きく異なるのです。

■ 集まりが変化するときがある

時として、集まりが集団に似てくるときがあります。相互行為の密度が低い単なる集まりでも、何らかのきっかけで、一時的ですが、集団に似た地位と役割を有した社会に変容することがあるのです。

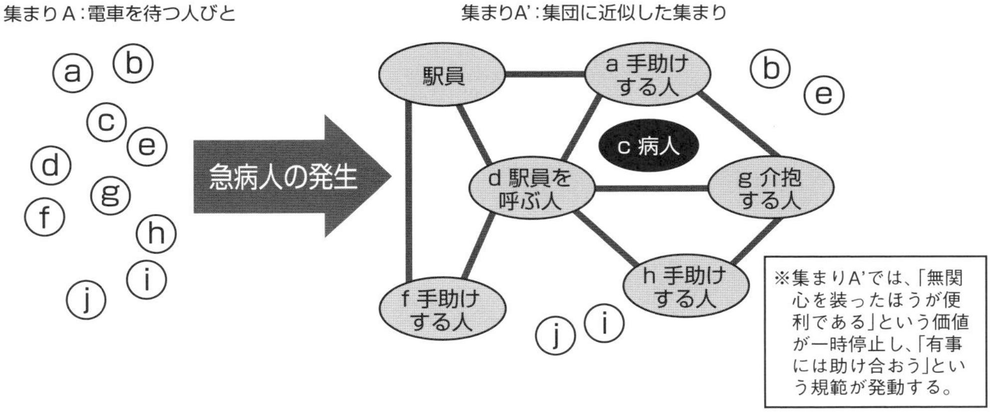

図4.3 ● 集まりが集団に近似するとき

図4.3で示したものは、駅のホーム上での見知らぬ人びとの集まりが集団に似た集まりに変化した状況です。不安定で一時的な集まりに過ぎなかった乗客たちが、急病人を助けるという目的の下に、密度の高い相互行為をなすようになった一例です。

電車を待つ人びとの行列は、普段は単なる集まりです。相互行為があったとしても、「そこを通してください」と声をかける程度のやりとりでしょう。ところが、急病人が出たり、ホームから人が落ちたりする事件が起きると、そこに駅員や医師を呼ぶという役割を演じる人、病人やけが人を運ぶのを手伝うという役割を演じる人、といった具合に、集団に似た社会のかたちが現れてくることがあります。大都市の雑踏や公的空間にありがちな「無関心を装ったほうが便利である」という価値が一時停止し、「有事には助け合おう」という規範が発動するのです。相互行為の密度もぐんと高まります。集まりと集団は紙一重であるともいえるし、連続しているともいえるのです。

■ 集まりがパニックやモッブへ転化する場合

あいまいな情報、不安感の高まり、敵意噴出、煽動者などによって、集まりは、パニックや攻撃的なモッブなどをその内に含む、「社会的行為を再規定する信念による動員」(Smelser 1962=1973：p.10) として定義される集合行動 (collective behavior) に転化することがあります。集合行動は、複数の人びとからなる集まりによる非制度的な行動全般を指す概念です。

集まりは、集団とは異なるかたち、集合行動に転化することもあるのです。電車を待つホーム上の人びとが、駅での火災発生の知らせを聞いたとしましょう。駅員は客の誘導と安全確保に全力を傾けますが、恐怖心にかられた乗客を先頭に、数名がいち早く逃げようと階段口に走り込んでいきます。このまま数百名もの乗客が限られた出入口に殺到すれば、大惨事にもなりかねません。幸い、火災はボヤ程度のものだとわかったため、乗客も安心し、駅は平穏さを取り戻しました。危うくパニックが生じる寸前でした。

パニック (panic) とは「ヒステリー的信念にもとづく集合的逃走」であり、集まりに含まれる人びとが、あいまいな情報と不安感の高まりを背景に、何らかのきっかけによって短絡的にふるまう集合行動です。「戦場、沈没しつつある船、火災下のビル、金融市場等々」(Smelser 1962=1973：pp.167-168) で生じやすいとも言われています。

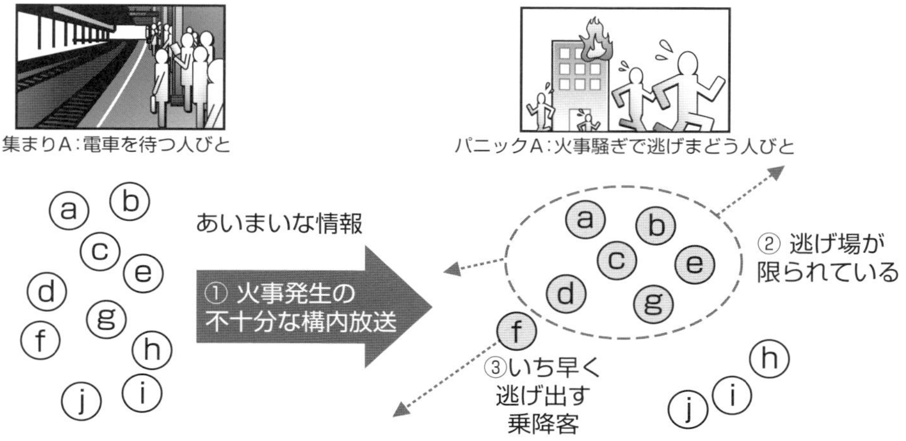

※パニックAは、集まりAに含まれる人びとが、あいまいな情報（①火事発生の不十分な構内放送）と、不安感の高まり（②逃げ場が限られている）を背景に、何らかのきっかけ（③いち早く逃げ出す乗降客）によって短絡的にふるまう集合的逃走である。

図4.4 ● 集まりがパニックに転化するとき

集まりは、合理的な集団に近づくことがある反面、状況次第で短絡的な集合的逃走であるパニックにも転化することがあるのです。パニックは、身体的安全を図ったり、物質的・金銭的損失を防いだりするために、先を争って逃げ込むことです。銀行の取り付け騒ぎなどもパニックに該当します。主眼は自己防衛にあり、周囲のことは眼中にはありません。

多人数が集まったスポーツ競技場などで、乱暴なプレーや納得がいかない判定をきっかけとして、相手チームや相手サポーター、国際試合であれば相手国民に、敵意を燃やす一群の人びとが現れることがありますね。煽動者によって、さらに激化することもあります。特定のターゲットに対して集合的に敵意を噴出し、それが不安や不満のはけ口となっているのです。これら攻撃的な集合行動は、モッブ（mob）と呼ばれ、略奪や焼き討ちなどの暴動（riot）や、第１章で述べたリンチもそこに含まれます。攻撃的なモッブと、前に述べた防衛的なパニックは、集合行動というコインの裏表ともいうべき２つの重要な異なる側面です。

■ 集合行動としての流行

ただし、集合行動のすべてがパニックやモップのように恐ろしいものではありません。商品やサービスの消費やライフスタイルの定着などにかかわる、流行や普及も集合行動としての側面を有しているのです。ここでは、流行の２つの異なった形態として、ファッションとファッドについて考えてみましょう。ファッションは日常語では服飾を意味することが多いですが、社会学では長期・超長期の流行を指します。

さてファッドは短期の流行であり、一気に普及し、急速に収束します。長期・超長期の流行としてのファッションは、その社会の慣習となって、新しい規範をつくり出すこともあります。

かつて仕事用ツールに過ぎなかったポケベルが、20世紀終盤の日本で、女子高校生を中心に一時期は通信回線がパンクするほど爆発的に流行したことがあります。あまりの流行に電話会社の基地局設置が間に合わなかったほどです。しかし、メール機能を付加した携帯電話やPHSに押され、大規模な流行は１年から２年で収束してしまいました。多くの人びとが同じ商品、サービス、ライフスタイルに飛びつく流行は、集合行動のもう１つのかたちです。アイドル・タレント、食品、化粧・ヘアメイク、キャラクターグッズ・玩具など、さまざまなアイテムをめぐって流行はくり返されてきましたが、それらのうちで普及と収束が、半年から１年前後の短期間なものをファッド（fad）と呼びます。

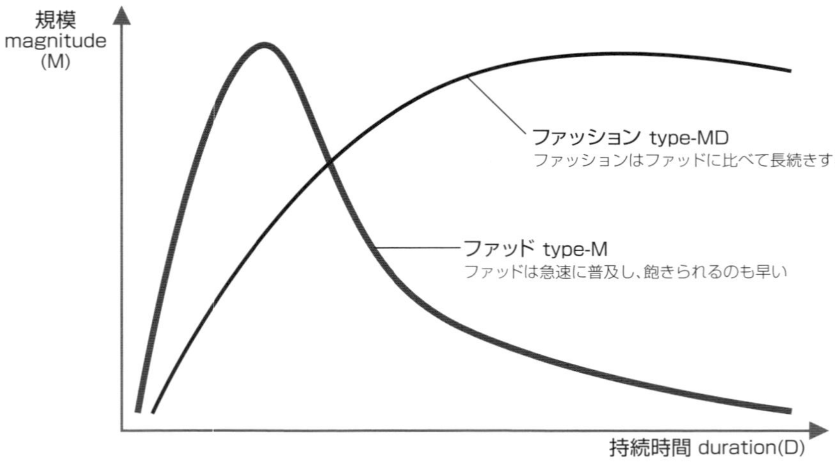

図4.5 ● 流行としてのファッドとファッション

ファッドが長続きしないのは、ポケベルが携帯電話などに取って代わられたように、ファッドの担い手が求めている価値、ポケベルの場合では文字で通信したいという価値が、より有利な他のアイテムによって満たされたり、人びとにその商品、サービス、ライフスタイルが飽きられたりすることによるものです。前者を対象の代替、後者を価値の逓減《ていげん》と呼びます。技術革新や時代状況の変化に連動して、対象の代替や、価値の逓減が生じ、新しいファッドが生まれる背後で、従来のファッドは消えていくのです。

一方、携帯電話ならびに近年のスマートフォンの流行は、1、2年に過ぎなかったポケベルの流行と比べて、その規模においても、持続期間においても、はるかに凌駕《りょうが》しています。長続きする流行はファッション（fashion）と呼ばれ、短いものでも数年、長くなれば十数年前後、超長期ともなると数十年の単位で持続することさえあります。仕事着として登場し、若者のおしゃれ着となり、その後、広範な世代に普及したデニム（ジーンズ）などは、ファッションの典型ですね。長期・超長期のファッションはその社会において、第1章で述べた慣習の座を占めることになります。それは、流行を生み出した背景にある新しい価値が、その社会で安定した規範に転化したことを意味します。大流行が、次の新しい社会をつくり出すということなのです。

4.3　集合行動と社会変動

■ 社会変動は身近にある

社会変動（social change）とは規範と価値の変化のことです。社会変動は、その社会の規範と価値の構成体である社会構造（social structure）に変更が加えられた状態を指し、自然発生的な変動と、目論まれた計画的な変動に大別されます。

社会変動というと攻撃的な集合行動、モッブの一形態である暴動や、国を二分する内乱（internal war）が引き金となった劇的な政権交代に代表される革命（revolution）のような大げさなイメージを思い浮かべがちですが、実は、案外身近にあります。流行などの集合行動の結果、その社会の規範と価値に変更が加えられたならば、それは社会変動だといえるのです。社会変動は、当該社会における規範と価値の変化を指すからです。

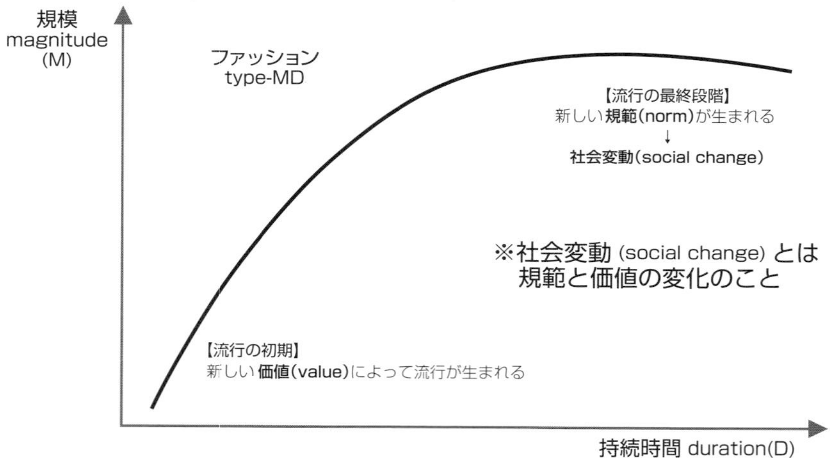

図4.6 ● 流行と社会変動

前述のとおり、かつて、一部のビジネスマンや若者層のみが使っていた携帯電話は、今では、小学生からお年寄りまでの必須ツールとなりました。加えて、大学生や若者層を中心にスマートフォンも広範に普及しつつあります。大規模かつ長期のファッションの結果、携帯電話やスマートフォンは日本社会の定番となりました。「手軽に通信したい」「外出先でWebサイトを見たい」いう新しい価値を背景として普及した携帯電話やスマートフォンは、今度は「連絡できて当たり前」「Webサイトが見られて当たり前」という新しい規範を生み出したのです。この得失、善悪はともかくとして、電話、メール、Webサイトをめぐる人びとの意識と社会状況は、携帯電話やスマートフォンの普及によって一変しました。これは立派な社会変動です。

■ 自然発生的な変動と計画的な変動

社会変動は、１つは意図なしに結果としてその社会の価値と規範が変化する自然発生的な変動と、もう１つは特定の意図の下に企てられる計画的な変動の２つに分かれます。

流行などによって引き起こされるのは、多くの場合、前者にあたります。いくつかの大ヒット商品には、メーカーや広告代理店、放送局など流行の仕掛け人がいるのも事実ですが、その商品、サービス、ライフスタイルが消費者や市民に本当に受け入れられなければ、ファッションやファッドは決して生じることはありません。加えて、仕掛け人の本来の意図を裏切るかたちでの暴発的流行や、仕掛け人とは無縁なクチコミや人びとのうわさ話が生み出す流行も数多く発生します。ネット上の個人ブログやツイッター経由の情報拡散も近年では無視できないでしょう。その意味で、流行など集合行動に伴う社会変動は基本的には自然発生的といえるのです。

それに対して、政策や法律によって政府や自治体などが目論んで引き起こすのは後者の計画的な社会変動です。国民をたばこの害から守るという意図の下に健康増進法が定められました。それに関連して多くの自治体でも条例が定められました。事業所、病院、大学などや街路など公的な場所での喫煙が禁じられることによって、禁煙を決意する人もかなり増えたのです。人びとのたばこについての意識と行動が大きく変わっていくこの例は、国や厚生労働省が企図した計画的な社会変動です。国が化学薬品や放射性物質についての不適切な安全規準を定め、それが普及した悪しき結果も、残念ながら望ましいことではありませんが、計画的な社会変動といえますね。過去をさかのぼれば、明治政府による殖産興業や富国強兵といった近代化政策とその成果である国力の増強は、成功を収めた大規模な計画的社会変動であり、諸外国からも高く評価されています。

表4.1 ● 社会変動の分類

	政府や上層の人びとによる動き	一般の人びとによる動き
計画的	政府などによる計画的社会変動 （明治期の殖産興業や 富国強兵など）	社会運動 （フェミニズムや反原発運動など）
自然発生的	該当なし	流行、暴動、内乱 （携帯電話やスマートフォンの 普及や群集の暴徒化など）

このような政府サイドの指導による変動とは対照的に、市民サイドからの抗議や対案提示に基づくのが社会運動です。社会運動（social movement）は、多数の人びとが参加し、はっきりとした目的を有して活動する集団による、抗議もしくは対案提示です。自然発生的な集合行動と区別するために、集合行為（collective action）と呼ばれることもあります。女性の権利、少数派の権利、エコロジー・反原発など、今日、多様な争点をめぐって多数の社会運動が活動しています。社会運動の成果によって、政策が変更され、人びとの規範と価値が変わっていくことを数多く私たちの社会は経験しています。女性参政権や普通選挙の実現はその輝かしい具体例でしょう。これらも計画的な社会変動に変わりありません。

4.4　規範と逸脱

■ 規範の脆弱化としてのアノミー

その社会もしくは大規模な集団で規範が人びとを調整する力が弱くなり、うまく働かなくなった状態をアノミー（anomie）と呼びます。アノミーは規範の崩壊を意味するのです。同時に、アノミーの進行は価値の喪失をもたらし、社会は秩序と活気の双方を失うことになります。

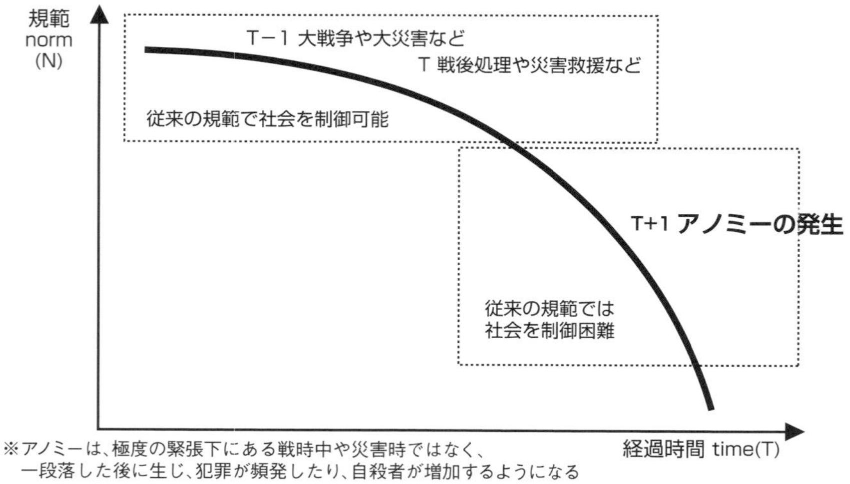

図4.7 ● アノミーの発生と社会の秩序

もちろん、規範がまったく存在しなくなるのではなく、その効力が相対的に弱くなることがアノミーです。敗戦、革命、大災害、大不況といった状況下で、社会のあり方が大きく揺らいだときにアノミーは発生しやすいのです。急速に変貌していく社会、つまり人びとの関係の変化に、従来からあった規範が対応できなくなったことによるものなのです。アノミーの状況下では、秩序を保つ行為よりも、それを乱す行為が多発しやすくなります。総力戦の緊張が解け、一気にアノミーに突入しやすい敗戦国の混乱の中で、暴動やリンチなどに代表される集合行動としてのモッブが生じやすいことは、第二次大戦後の日本はもちろんのこと、多くの国ですでに実証済みです。

■ アノミーによる価値の喪失

リナは、規範に縛られずに自由に生きたいと思っています。では、日本社会がアノミー状態となり、「あれをしてはいけない」「これをしたらただではすまない」というようにリナを束縛する規範が脆弱化してくれば、本当に好き放題に生きられるようになるのでしょうか。

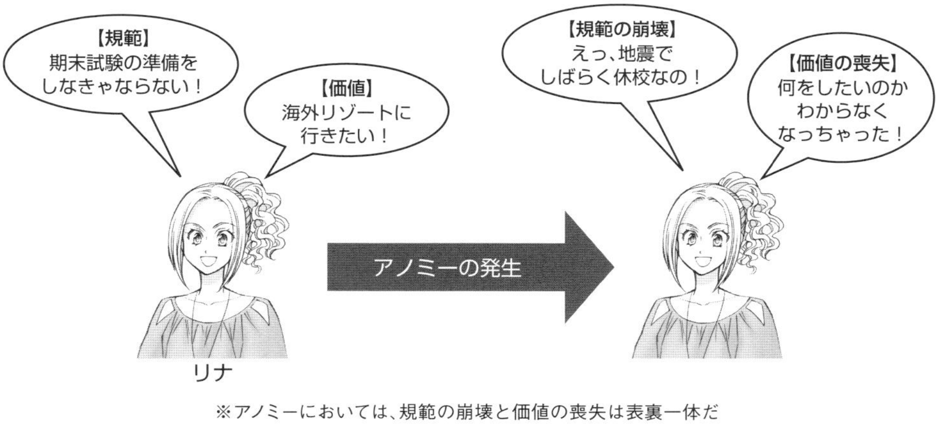
【規範】
期末試験の準備をしなきゃならない！
【価値】
海外リゾートに行きたい！
アノミーの発生
【規範の崩壊】
えっ、地震でしばらく休校なの！
【価値の喪失】
何をしたいのかわからなくなっちゃった！
リナ
※アノミーにおいては、規範の崩壊と価値の喪失は表裏一体だ

図4.8 ● アノミーにおける価値の崩壊と規範の喪失

アノミーが進行し、規範がうまく発動しなくなると、規範と対立するかのように見える個人の欲求であり行為の指針である価値も、実は希薄化していくのです。順を追って説明しましょう。規範は社会から生み出されると同時に、規範自身が社会を生み出しているわけですから、規範の脆弱化であるアノミーは社会の脆弱化をも意味しています。脆弱化し、活気を失った社会は、そのメンバーとしての個人の欲求であり行為の指針で

ある価値さえもなえさせてしまうのです。規範と同様に価値もまた、社会との対応なしには存在しえないからです。「何かをしてはいけない」という規範の崩壊は、「何かをしたい」という価値の喪失と表裏一体です。アノミーの状況下においては、リナは「何でもできるようになる」のではなく、「何をしたらよいのかわからなくなる」のです。

■ 規範を守る行為は同調、破る行為は逸脱

「飲み終わったペットボトルはリサイクル用のごみ箱へ捨てる」という決まりがあります。アヤはこれを毎日実行しています。ごく当たり前のことですね。このような規範を守る行為を同調（conformity）と呼びます。空のペットボトルはこうしてリサイクルされ、希少な資源を再利用するしくみが維持されることになります。多くの人びとの標準的な行為の積み重ねによって、社会の秩序は保たれ、安定的な生活が営まれることになるわけです。

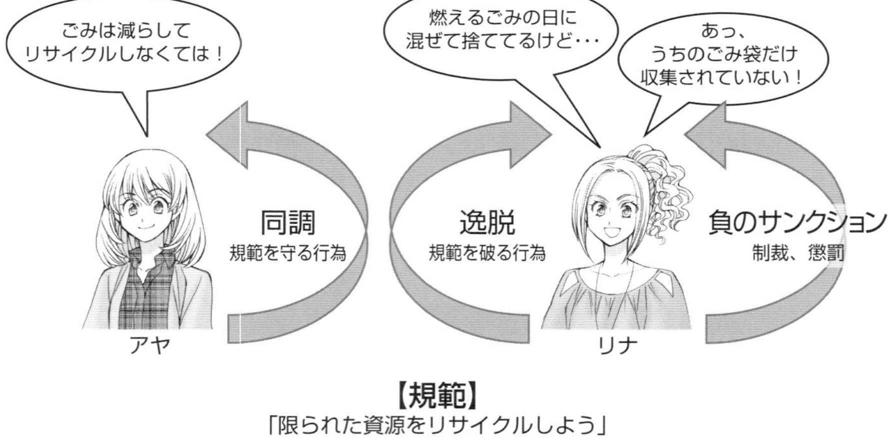

図4.9 ● 同調と逸脱

アヤとは対照的に、リナは、面倒くさいという安易な理由から、ペットボトルを道ばたに捨てたとしましょう。この行為は決まりを破っています。このように規範を破ることを逸脱（deviance）と呼びます。多くの人がリナのように規範を無視し、逸脱するようになると、ペットボトル回収は困難になり、リサイクルのための費用は高騰、資源再利用のしくみは破綻してしまうかもしれません。

逸脱を防ぐためには、第1章でも述べたサンクション（賞罰）のしくみが利用されま

す。火事場で人助けをすれば表彰されることになるし、人のものを盗めば、しかるべき罰を受けることになるというわけです。飴《あめ》と鞭《むち》の働きをするサンクションによって逸脱は未然に防がれ、多くの人びとは規範に従う、というわけです。

では、規範を破る行為である逸脱はすべて悪なのでしょうか。そうとはいえないところに社会学の難しさと面白さがあります。規範は時代、地域、状況によって変化しますよね。今の時代はなんの問題もない行為が、昔は刑罰の対象となっていたり、現代でも他国では逸脱とみなされていたりすることも多々あります。同調で示される標準的な行為とは、その社会の多数派が採用しているものさしにすぎないのです。したがって、何らかの変動によって少数派が多数派となれば、従来の逸脱が標準的な行為となるわけです。逸脱は、新しい社会のさきがけとなる場合もあるのです。

■ 逸脱の隠れた働き

第１章で学んだように、「これを破ったらただではすまない」という規範をモーレスといいます。モーレスの多くはそこからの逸脱を防ぐべく法律や条令によって守られており、殺人、強盗、放火などを行えば、司法によって裁かれ、道徳的にも責められます。犯罪者は一般の人びとから見て、その行為が残忍冷酷非道であればあるほど恐れられ、懲罰はもちろん糾弾の対象にもなりますよね。犯罪者のみが悪者となり、糾弾する側は無垢の善人揃いという図式が出来上がってしまうのです。凶悪犯の存在が社会のメンバーを奮い立たせ、一致団結に導いています。犯罪は社会の凝集力や連帯を高めるのに好都合な材料なのです。恐ろしいことですが、冤罪や容疑ねつ造、センセーショナルな犯罪報道などが止まない理由の１つがここにあります。真犯人であろうとなかろうと、そこに被疑者イコール悪人というスケープゴートがいるだけで十分なのですから。逸脱としての犯罪は、集団の維持のために、人為的につくり上げられる側面があるのです。

犯罪までいかなくとも、逸脱全般が社会の凝集力を高める効果があります。規範が守られているときはあたかも空気のように感じられており、その存在にさえ気づきません。しかし、いったん破られると、規範はそれが規範であったことを、あらためて人びとに意識させます。その結果、その意味では規範は破られるために存在するともいえるでしょう。

第5章

社会化

5.1　記号とシンボル

そういえばさ
なに？
アヤちゃんって メールにあんまり 絵文字を使わないよね
そう言われれば そうかも
別にいいんだけど 最初は怒ってるのかなぁ って思って
そんなこと全然ないよ！
いきなり絵文字とか入れたら 馴れ馴れしいんじゃないかと思ったまま 絵文字を入れるタイミングを逃した だけなんだけどね…
絵文字くらい わたしだって入れるわよ

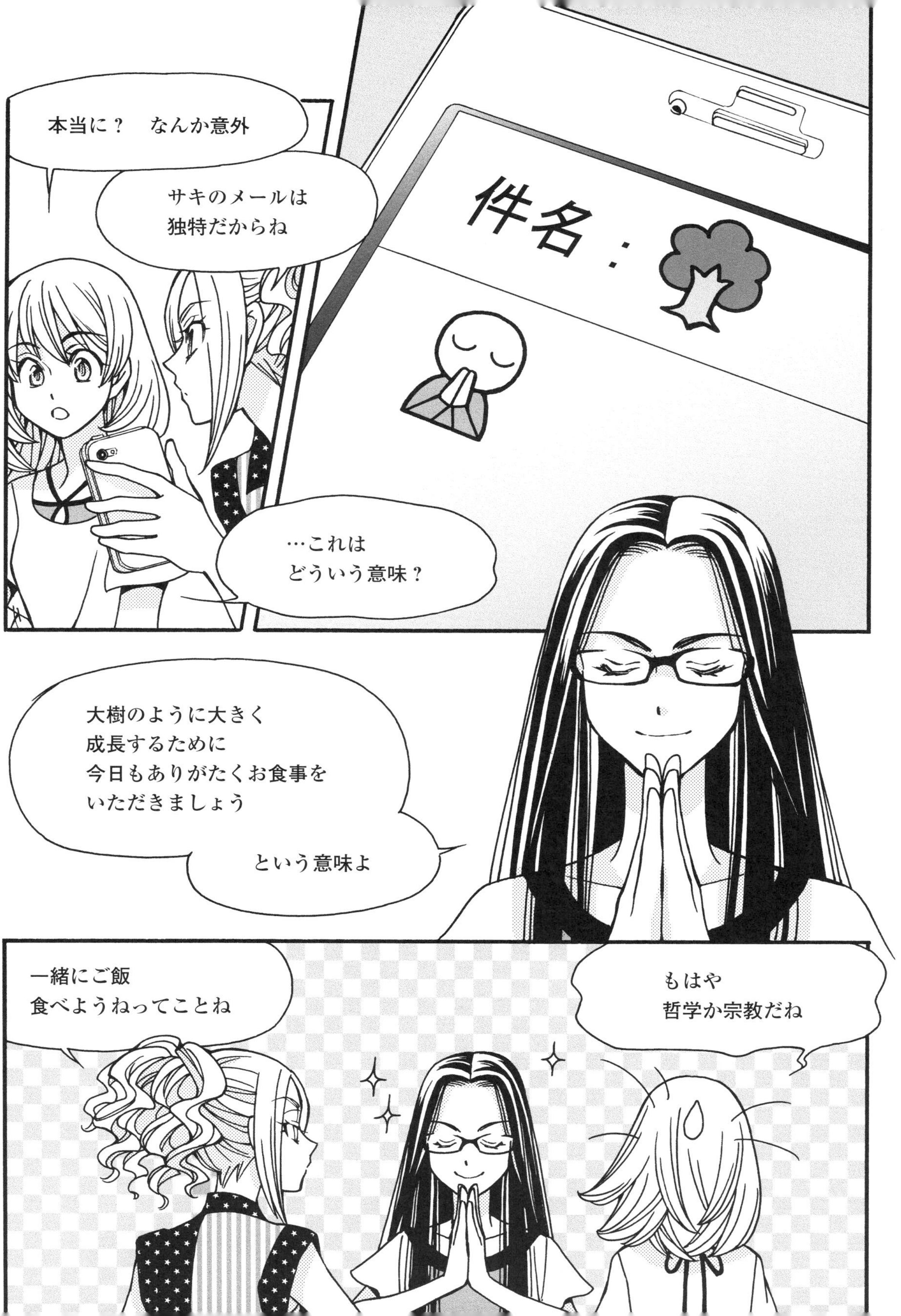
本当に？　なんか意外
サキのメールは独特だからね
件名：
…これはどういう意味？
大樹のように大きく成長するために今日もありがたくお食事をいただきましょう
という意味よ
もはや哲学か宗教だね
一緒にご飯食べようねってことね

◆記　号

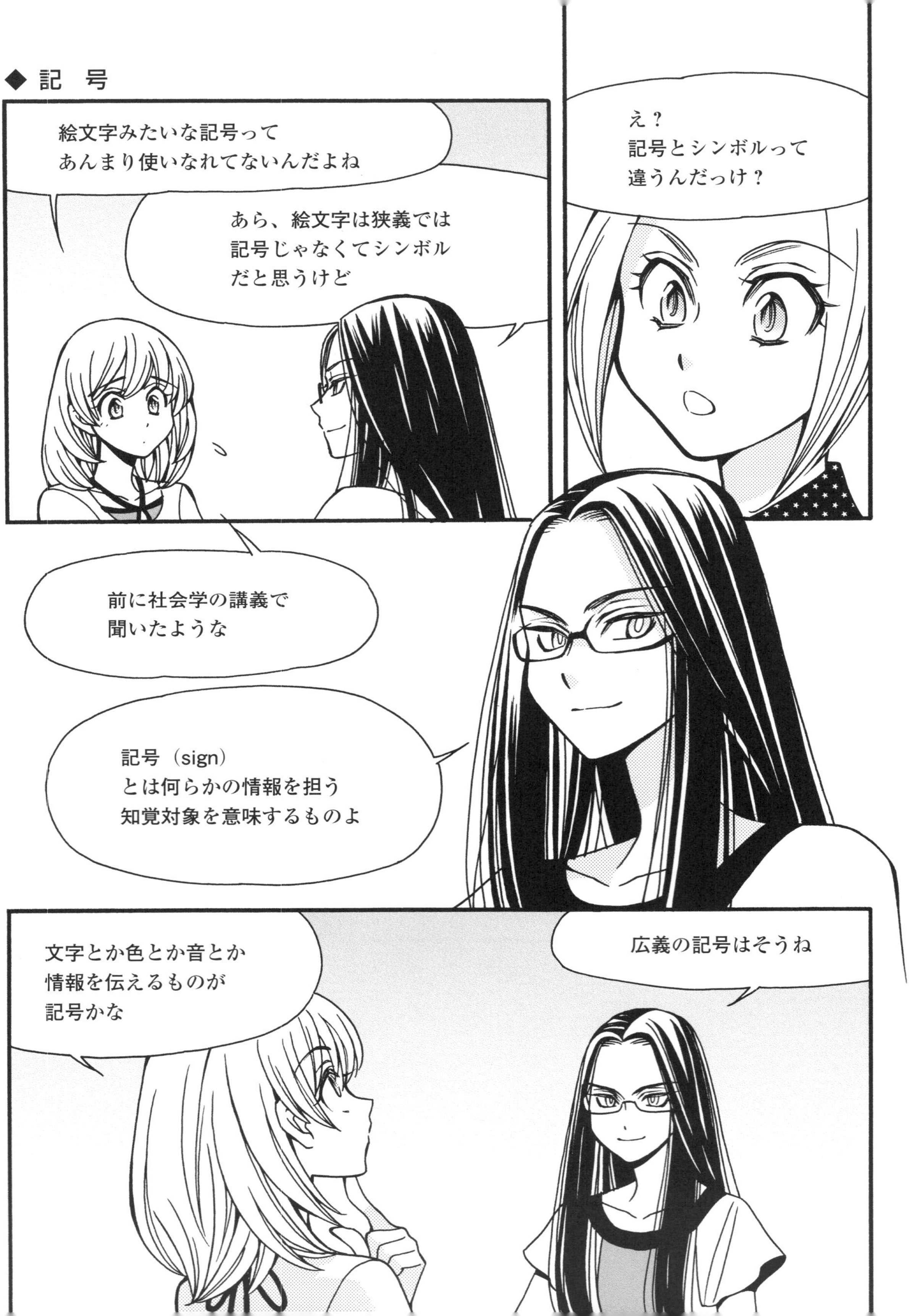
絵文字みたいな記号って あんまり使いなれてないんだよね
あら、絵文字は狭義では 記号じゃなくてシンボル だと思うけど
え？ 記号とシンボルって 違うんだっけ？
前に社会学の講義で 聞いたような
記号（sign） とは何らかの情報を担う 知覚対象を意味するものよ
文字とか色とか音とか 情報を伝えるものが 記号かな
広義の記号はそうね

狭い意味では違うの？
狭義ではそれ自体に固有の意味がないものを記号と呼んでいるの
どゆこと？
たとえば「うれしい」という言葉が書かれていたとするわね
このとき、ひらがなの「う」「れ」「し」「い」という一文字ずつに特に意味はないわ
うれしい
「うれしい」っていう文字が揃って初めて意味がわかるね
そう、だからひらがなは狭義の記号であると言えるわね
a B あ ヤ エ ク M す サ # R キ II っ
他にもカタカナやアルファベットもそれ自体には固有の意味を持たないから狭義の記号よ

◆ シンボル

だけど漢字は文字自体に
固有の意味があるよね
そう、つまり漢字は
広義では記号だけど
狭義では記号じゃないと
いうことになるわ
そっか、「嬉」って
漢字一文字見れば
それだけで
「うれしい」っていう
意味が伝わるね
そっか、そこで
シンボルが
出てくるわけだね
そういうこと
それ自体に意味を持つ記号のことを
シンボル（symbol）と言うわ
【狭義の記号】
それ自体に固有の意味を
持たない
【シンボル】
それ自体に固有の意味を
持つ
広義ではどちらも記号
絵文字は、それを見ただけで
意味がわかるから
シンボルってことだね
フムフム
なるほど！

言語（language）も
シンボルの典型ね
一文字ずつでは意味がわからない
ひらがなやカタカナでも
組み合わせれば意味が
わかるようになるから
たくさんの音や文字で成り立つ
言語はシンボルになるってことか
音や文字の組み合わせと
個別の意味の対応という約束ごとが
言語をシンボルとして
成立させているのよ
言語は
それを介する人びとの間では
最も一般性、普遍性が高い
シンボルの体系だといえるわね
固有の意味さえあれば
言語や文字じゃなくても
シンボルになれるの？
もちろん

言語や文字だけじゃなくて絵や写真も特定の意味づけがなされれば、シンボルになりうることがあるわ
他にも教祖や政治家、アイドルなどの肖像画や写真は信徒や支持者、ファンにとっては聖なる対象になるわ
それらは崇拝、愛慕などの気持ちを誘い出すシンボルということね
思い出の写真やプリクラとかはそこの固有の意味があるもんね
そういうシンボルとしての働きがある画像をアイコン（icon）と呼ぶんだったよね？
あ〜なんだか思い出してきたよ
これまで話したようなシンボルをすべてあわせたものが文化と呼ばれているわ
絵文字も文化なの？大げさじゃない？

◆ 文 化

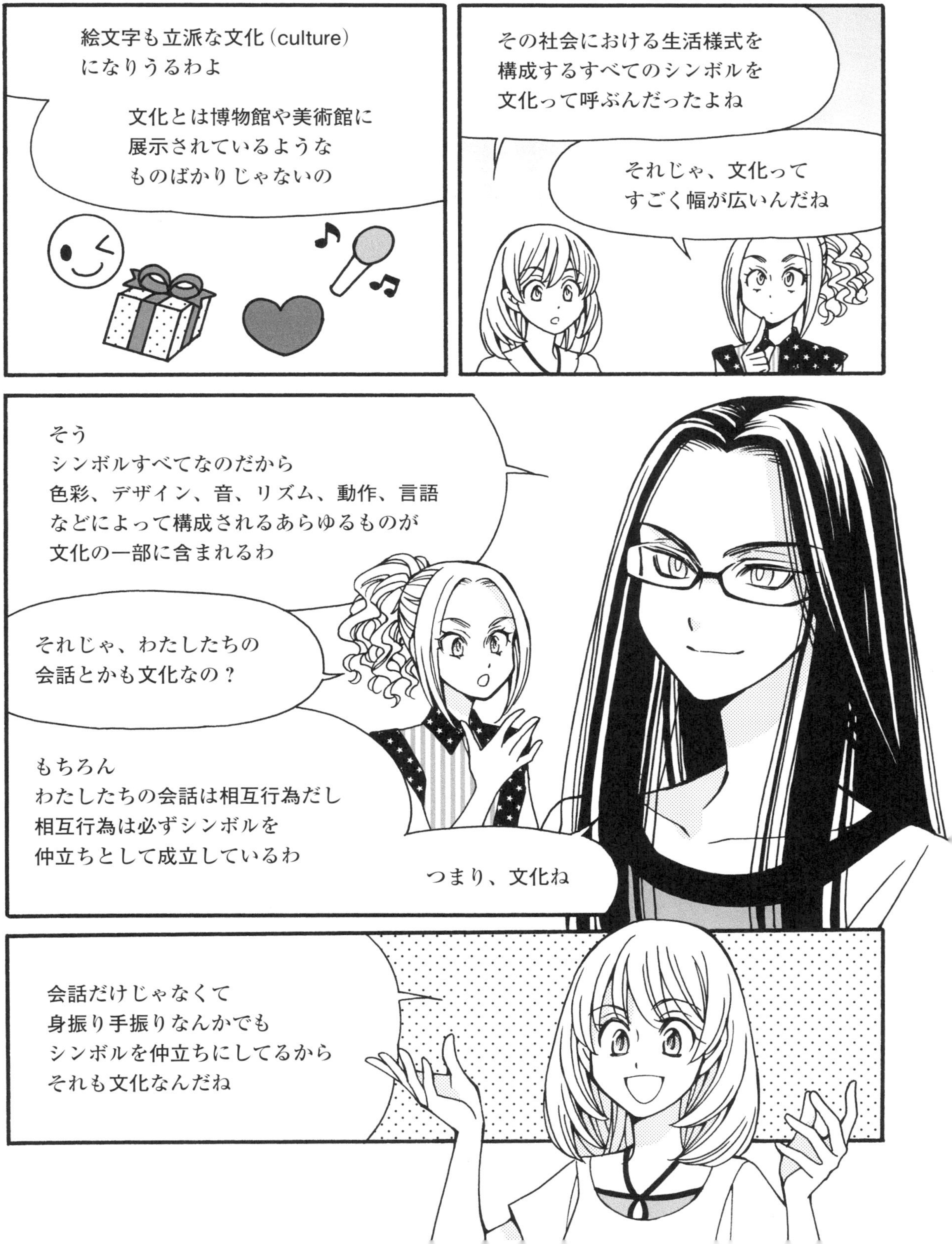

絵文字も立派な文化（culture）になりうるわよ
文化とは博物館や美術館に展示されているようなものばかりじゃないの
その社会における生活様式を構成するすべてのシンボルを文化って呼ぶんだったよね
それじゃ、文化ってすごく幅が広いんだね
そうシンボルすべてなのだから色彩、デザイン、音、リズム、動作、言語などによって構成されるあらゆるものが文化の一部に含まれるわ
それじゃ、わたしたちの会話とかも文化なの？
もちろんわたしたちの会話は相互行為だし相互行為は必ずシンボルを仲立ちとして成立しているわ
つまり、文化ね
会話だけじゃなくて身振り手振りなんかでもシンボルを仲立ちにしてるからそれも文化なんだね

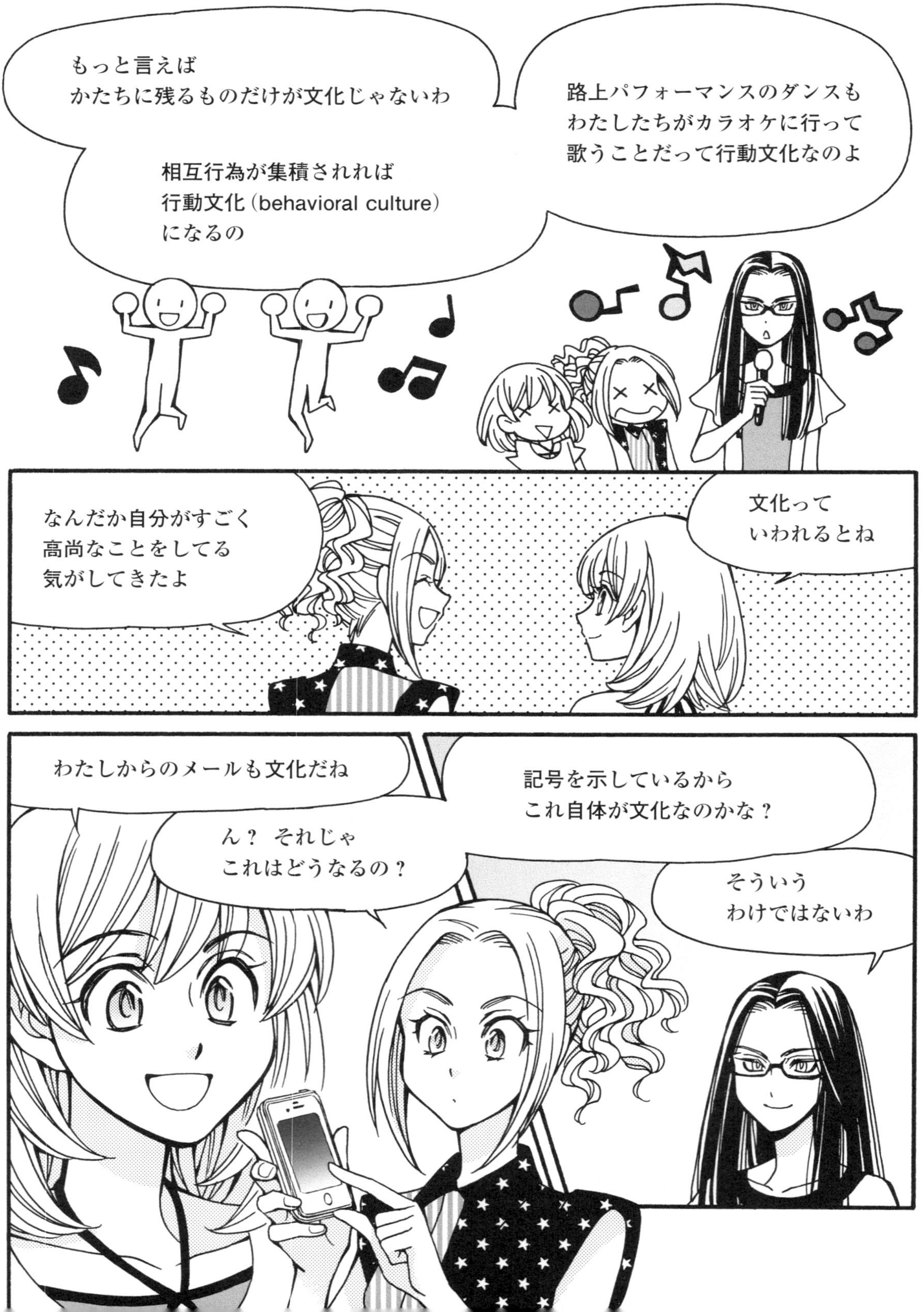
もっと言えば
かたちに残るものだけが文化じゃないわ
相互行為が集積されれば
行動文化（behavioral culture）
になるの
路上パフォーマンスのダンスも
わたしたちがカラオケに行って
歌うことだって行動文化なのよ
文化って
いわれるとね
なんだか自分がすごく
高尚なことをしてる
気がしてきたよ
わたしからのメールも文化だね
記号を示しているから
これ自体が文化なのかな？
そういう
わけではないわ
ん？ それじゃ
これはどうなるの？

スマートフォンは記号を表現するための媒体だもん
記号の運び屋のことをメディア（media　媒体と訳すこともある）と呼ぶわ
文章を書くときの紙やインクそのものが文化なんじゃなくてそこで表現された記号そしてシンボルの集積が文化の一部を形づくっているんだよ
そう、もちろんスマートフォンに何か特別な思い入れがあればその人にとってスマートフォンがシンボルとなり、文化になりえるわ
だけど、基本的にメールや通話をしているときは記号を伝えるメディアだということね
あ…ごめん　ちょっと出るね
どうしたのかな…
さぁ

5.2　社会化

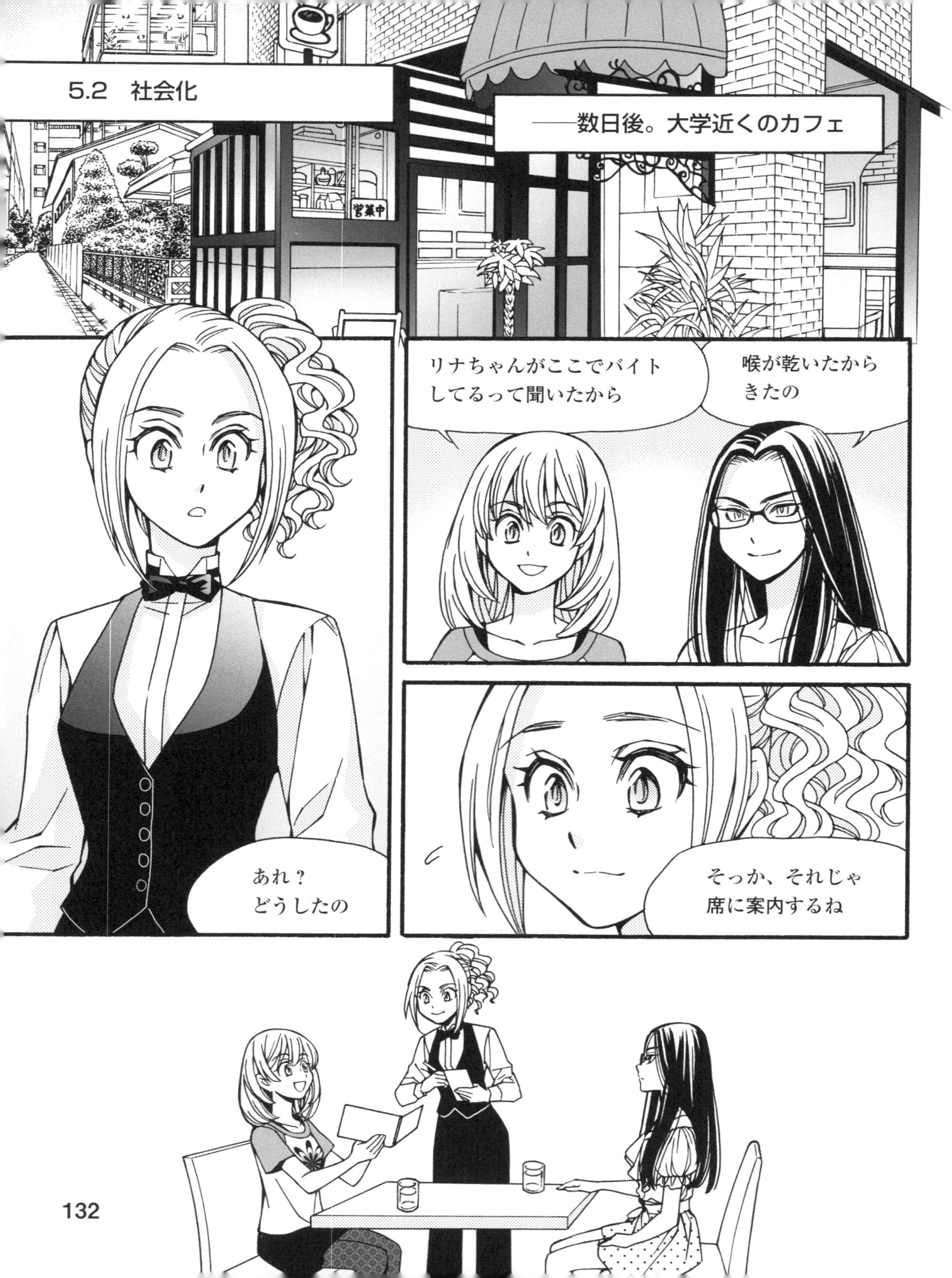
――数日後。大学近くのカフェ
あれ？どうしたの
喉が乾いたからきたの
リナちゃんがここでバイトしてるって聞いたから
そっか、それじゃ席に案内するね

◆一次的社会化

どうしていきなり
リナちゃんのバイト先に
行こうって言い出したの？
ちょっと様子が
見たくなっただけよ
様子？
何かあったの？
す、すみません！
わッ!!
だーだー

こら！
いきなり人の腕を
つかんじゃダメでしょ！
大丈夫
ですよ
だーだー
あの、本当に
大丈夫ですから
すみませんでした
子どもは
可愛いよね
いや、話の飛躍が
ひどすぎるよ！
それは犯罪よ

一次的社会化段階の
子どもは確かに可愛いわね
一次的社会化って
言葉を覚えるまでの段階のことだっけ
そう、言語
とりわけ母国語を覚えるまでが
一次的社会化（primary socialization）ね
母国語とかその社会で使われる
標準言語の基本を
一応、聞き、話し、読み、書けるように
なるまでの段階ってことだよね
聞く
話す
読む
書く
年齢でいえば
6歳から8歳前後
くらいまでかな
あら？
わたしは生まれたときに
「天上天下唯我独尊」って
言ったらしいわよ
お釈迦様の
エピソードを
自分のものに
しないでよ

◆ 二次的社会化

規範と価値も
シンボルのかたちで表現
されるわけだから
社会化って文化を学ぶ
プロセスとも
いえるのかな
言えるわね
だから社会化は
一生続くものなのよ
一次的社会化以後の
社会化の総称が
二次的社会化
（secondary socialization）
だっけ？
そう
そうやって人は
学び続けるの
家族、友人、恋人とのふれあいとか
地域、職場でのつきあい…
そういうさまざまな相互行為の場で
知識を蓄え、技能を身につけ、
感じ方や考え方を育てていくのが
二次的社会化なんだよね
人とのつながりだけでなく
学校での授業やたとえば
ポピュラー音楽
ゲームやマンガだって
二次的社会化の一助を
担っているわ

アヤさんもこの数ヶ月でかなり二次的社会化が進んだと思うけど
え？
リナと出会っていろいろ新しい経験をしたんじゃないかしら？
そうだね、確かにそうかも
最初は話すのに緊張もしたけど今は平気だし
わたしも少しは成長したのかな
一次的社会化においてはおもに両親などの保護者が担い手となるけど
二次的社会化ではさまざまな個人集団やメディアが規範と価値を学習させる担い手となるの
その社会化の担い手のことをエイジェント（agent）って呼ぶんだっけ
そうよ、最近はコンピュータや携帯電話スマートフォンなどの電子メディアの影響が大きくなってきているんだけどね

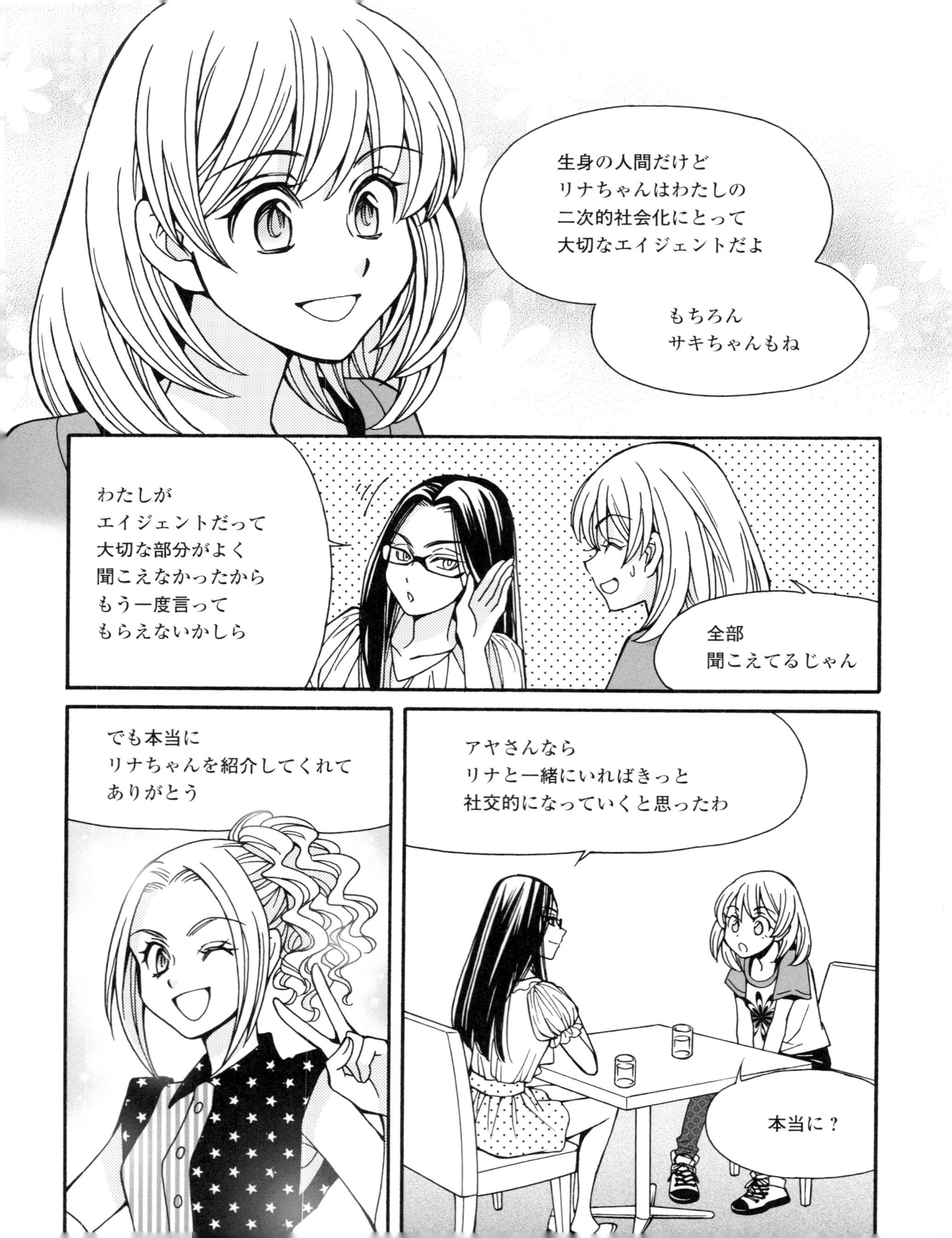
生身の人間だけど
リナちゃんはわたしの
二次的社会化にとって
大切なエイジェントだよ
もちろん
サキちゃんもね
わたしが
エイジェントだって
大切な部分がよく
聞こえなかったから
もう一度言って
もらえないかしら
全部
聞こえてるじゃん
でも本当に
リナちゃんを紹介してくれて
ありがとう
アヤさんなら
リナと一緒にいればきっと
社交的になっていくと思ったわ
本当に？

◆ 準拠集団

準拠集団に属すれば人は変わるものだから
準拠集団ってなんだっけ？
準拠集団（reference group）とは理想もしくは目標となる集団のことよ
ああ、ダンスが上手くなりたい人が憧れのダンサーのいるダンススクールに通うみたいな感じだね
そうね、準拠集団やそのモデルは歴史上の人物や神話、伝説上の存在であってもよいとされているわ
ミュージシャンを志す人にとって手の届かない有名人や伝説のミュージシャンが準拠集団やそのモデルになるってこと？
模範となる人物やそのメッセージが何らかの文書、音声、絵画、映像楽譜などによって明快に示されていればそれでかまわないのよ

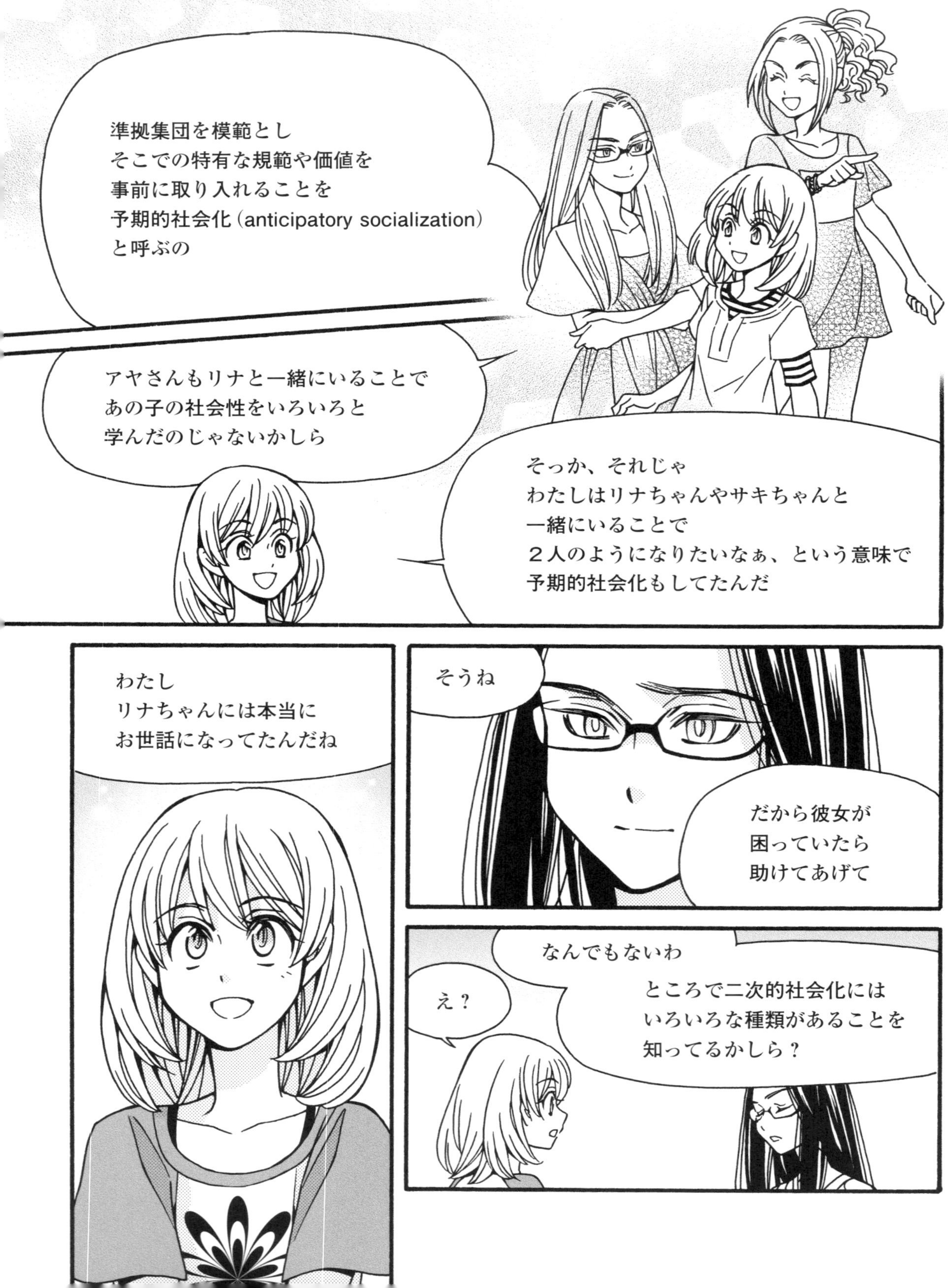
準拠集団を模範とし
そこでの特有な規範や価値を
事前に取り入れることを
予期的社会化（anticipatory socialization）
と呼ぶの
アヤさんもリナと一緒にいることで
あの子の社会性をいろいろと
学んだのじゃないかしら
そっか、それじゃ
わたしはリナちゃんやサキちゃんと
一緒にいることで
２人のようになりたいなぁ、という意味で
予期的社会化もしてたんだ
わたし
リナちゃんには本当に
お世話になってたんだね
そうね
だから彼女が
困っていたら
助けてあげて
え？
なんでもないわ
ところで二次的社会化には
いろいろな種類があることを
知ってるかしら？

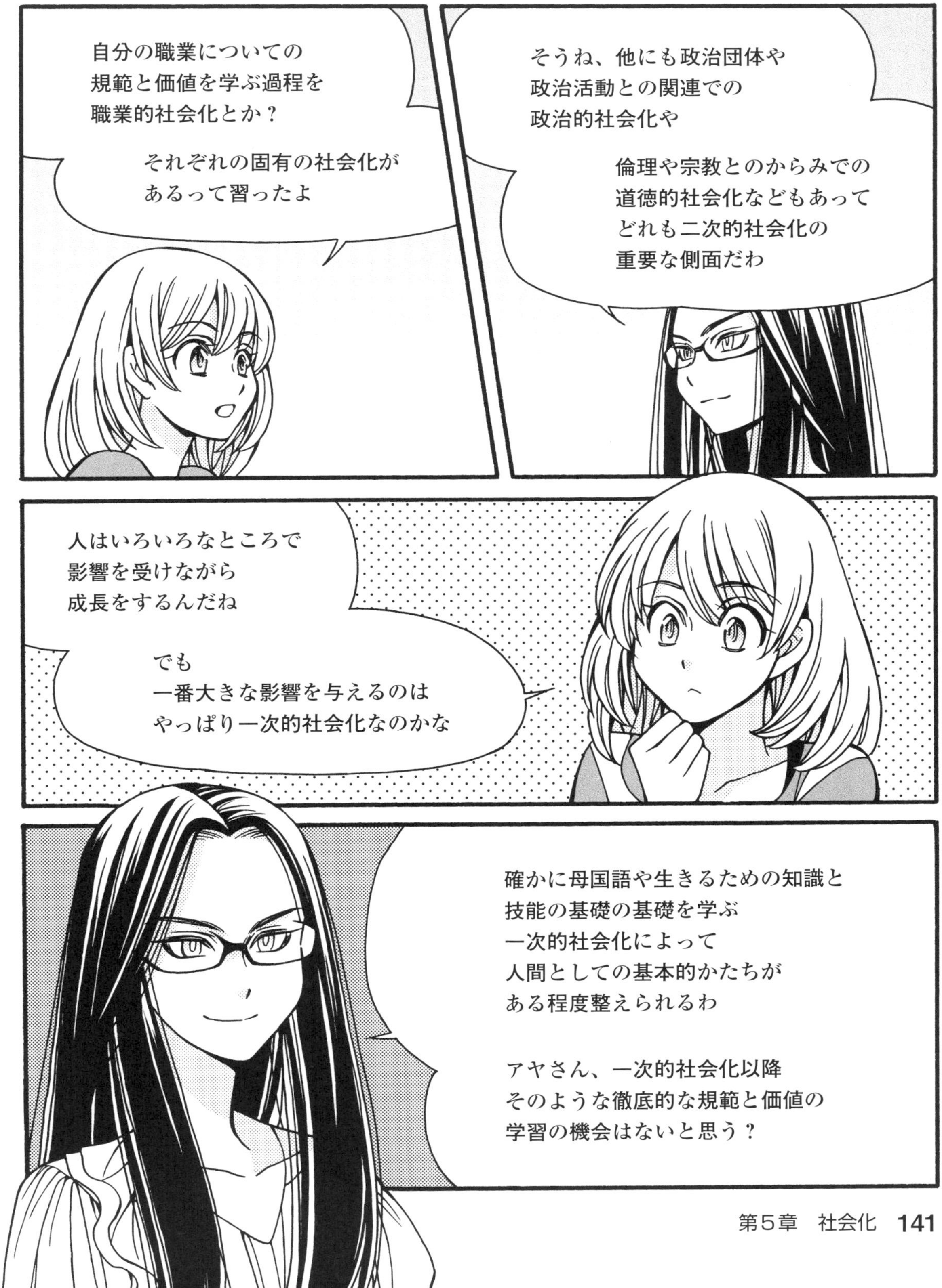
自分の職業についての
規範と価値を学ぶ過程を
職業的社会化とか？
それぞれの固有の社会化が
あるって習ったよ
そうね、他にも政治団体や
政治活動との関連での
政治的社会化や
倫理や宗教とのからみでの
道徳的社会化などもあって
どれも二次的社会化の
重要な側面だわ
人はいろいろなところで
影響を受けながら
成長をするんだね
でも
一番大きな影響を与えるのは
やっぱり一次的社会化なのかな
確かに母国語や生きるための知識と
技能の基礎の基礎を学ぶ
一次的社会化によって
人間としての基本的かたちが
ある程度整えられるわ
アヤさん、一次的社会化以降
そのような徹底的な規範と価値の
学習の機会はないと思う？

◆ 再社会化

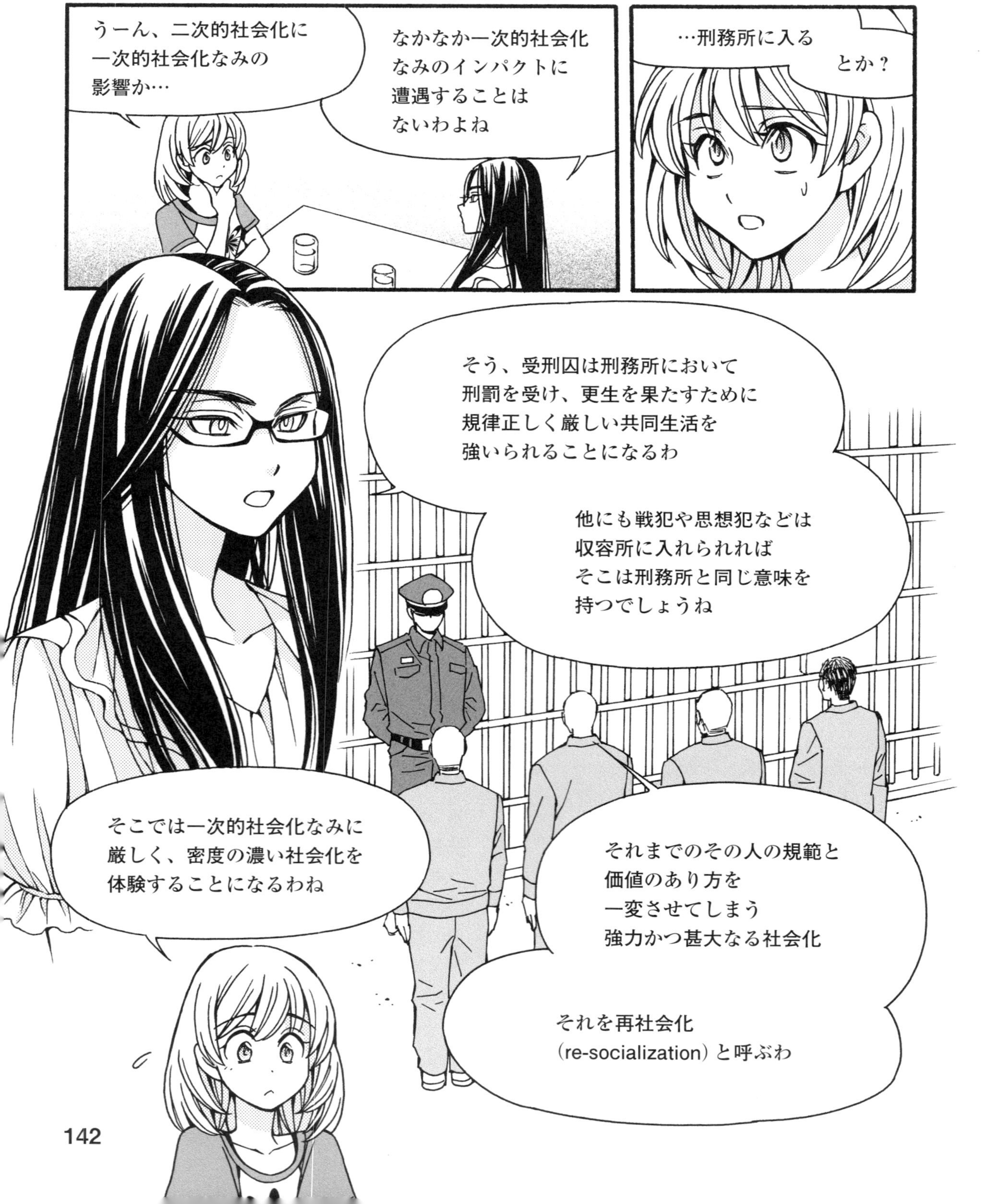

うーん、二次的社会化に一次的社会化なみの影響か…
なかなか一次的社会化なみのインパクトに遭遇することはないわよね
…刑務所に入るとか？
そう、受刑囚は刑務所において刑罰を受け、更生を果たすために規律正しく厳しい共同生活を強いられることになるわ
他にも戦犯や思想犯などは収容所に入れられればそこは刑務所と同じ意味を持つでしょうね
そこでは一次的社会化なみに厳しく、密度の濃い社会化を体験することになるわね
それまでのその人の規範と価値のあり方を一変させてしまう強力かつ甚大なる社会化
それを再社会化（re-socialization）と呼ぶわ

一次的社会化とか それまでの二次的社会化で 培ってきた基本的な生活習慣や 世界観ががらりと変わっちゃう こともあるんだね
刑務所に入らなくても 軍隊経験や戦争体験なども 再社会化に近い効果を もたらすわ
やっぱり人間の 考え方や生き方って 社会によって 大きく変わるんだ
それって人はいつからでも 変われるってことだよね
お待たせ 注文の品です
ありがとう
ねぇ リナ…

仕事中に友だちと
おしゃべりか？
いえ、そんなことは…
これだから女は
ごめんね、それじゃ
ゆっくりしていってね
どうしたんだろ
なかなか根が
深そうね…

フォローアップ

5.3　社会化を復習しよう

■ 記号とシンボルの定義

記号（sign）とは、何らかの情報を担う知覚対象のことです。聴覚に訴える音、視覚に訴える色、デザインなどが記号の最も単純で基本的なかたちです。日本語における、漢字やかななどの文字は、固有のデザインに音を結びつけた、より情報集積度が高い、広義での記号といえます。狭義での記号は、記号自体に固有の意味を含みません。したがって、原則として音のみを示すアルファベットやかななどは、狭義でも記号ですが、漢字は狭義での記号ではなく、次で述べるシンボルの仲間となります。

シンボル（symbol）とは意味を担う記号です。言語がシンボルの典型です。アヤが「うれしい」と発話したとします。日本語を理解する相手であれば、アヤの喜ぶ気持ちが、「う」「れ」「し」「い」という音の適切な配列とアクセントを通じて確認することができますね。それは日本語では「うれしい」という発話に「喜び」の気持ちを対応させているからです。このような音もしくは文字の組み合わせと個別の意味の対応という約束ごとがシンボルを成立させています。さらに複雑で高度な意味でも間違いなく伝えるために、言語には多数の約束ごとが含まれているのです。

言語(language)は、音声や文字のかたちで伝達され、それを介する人びとの間では、最も一般性、普遍性が高いシンボルの体系ですが、絵や写真なども特定の意味が付与されるならば、シンボルになりえます。たとえば、宗教家、政治家、アイドルなどの肖像画や写真は、信徒や支持者、ファンにとっては聖なる対象であり、崇拝、愛慕などの気持ちを誘い出すシンボルとなることでしょう。また、友人、恋人と一緒に撮った記念写真・プリクラや、旅行の際の風景写真なども、その場の状況を想起させるシンボルとなります。ちなみに、このようなシンボルとしての働きがある画像をアイコン（icon）と呼ぶこともあります。人気アイドルの生写真などは、まさにアイコンです。

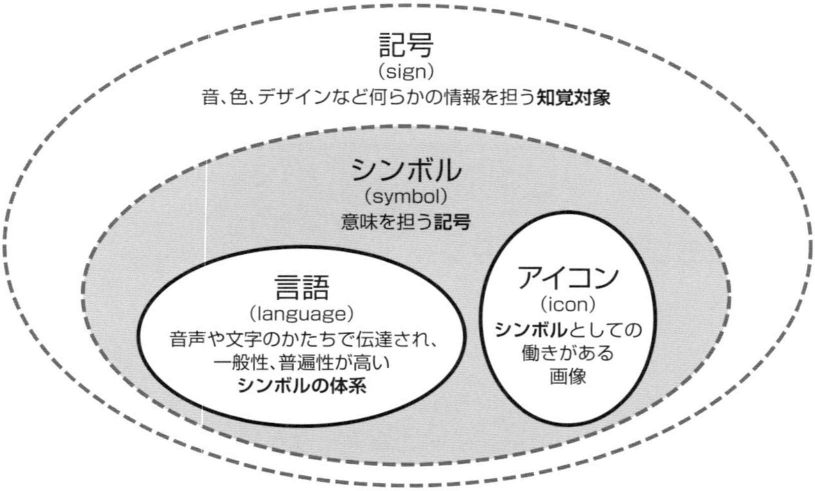
記号
(sign)
音、色、デザインなど何らかの情報を担う**知覚対象**
シンボル
(symbol)
意味を担う**記号**
言語
(language)
音声や文字のかたちで伝達され、
一般性、普遍性が高い
シンボルの体系
アイコン
(icon)
シンボルとしての
働きがある
画像

図5.1 ● 記号とシンボル

■ 文化の定義

文化とは、博物館や美術館に所蔵されるような美術作品、オペラやクラシック音楽、古典文学、高邁《こうまい》な思想・哲学のみを指す語ではありません。文化（culture）とは、その社会における生活様式を構成するシンボルのすべてです。

シンボルとは、言語をその典型とする意味を担う記号であり、絵や写真などのアイコンや、より単純な記号も、適切な定義や含意を伴えばシンボルであることは前に述べたとおりです。したがって、色彩、デザイン、音、リズム、動作、言語などによって構成される絵画、彫刻、オペラなど、高尚な芸術作品は、当然、文化の一部に含まれます。

そして、行動文化（behavioral culture）と呼ばれる習慣や慣習を中心とした、ごく普通の人びとによる日常のふるまいや発話なども、文化の一部となります。なぜならば、人びとのふるまいや発話は相互行為であり、相互行為は言語や動作など記号とシンボルを仲立ちとして成立しているからです。街中でごく普通のありふれた服飾化粧のあり方、街頭でのミュージシャンの演奏、カラオケボックスでの深夜の熱唱なども、すべて行動文化なのです。行動文化は相互行為の集積であるともいえます。

ロンドンにある大英博物館に所蔵されているギリシア時代の彫刻も、一般の人の歌声を記録したCD-Rやメモリーカードも等しく文化の一部です。そうなると、文化とは彫刻に用いられた大理石や、CD-Rの素材であるプラスチックそのものなのではないか、という疑問も浮かぶでしょう。しかしながら、それは間違いです。文化はシンボルから成り立ちます。シンボルとは、色彩、デザイン、音、リズム、動作、言語など、意味を担うことが可能な、情報としての記号のことなのですから。彫刻に用いられた大理石やCD-R素材であるプラスチックは、記号を表現する単なる素材・媒体に過ぎません。この記号の運び屋のことをメディア（media 媒体と訳すこともある）と呼びます。本や写真、絵画でも同じです。紙、インク、絵の具が文化なのではなく、そこに表現された記号そしてシンボルの集積が文化の一部を形づくっているのです。

■ 社会化とは文化を学ぶプロセス

社会化（socialization）とは、その社会の規範と価値を学習していくことです。人は生まれたその瞬間から社会化が始まります。両親や養育係のしつけを受け、生きていくための基本的な知識と技能を学んでいくのです。泣き声や叫び声、幼児語から始まり、かんたんな文を経て、さらに複雑な言語表現を修得していきます。「おなかが空いた」「おもちゃが欲しい」といった個人の欲求にかかわる価値、「食事の前には手を洗わなければならない」「ゲームは１時間以上してはいけない」といった両親や保護者経由での社会からの要請にかかわる規範の双方を学んでいくのです。その人が生活する社会の規範と価値を学ぶプロセスが社会化であり、それは、相互行為を通じてその社会での本人にふさわしい役割を習得していく過程でもあります。

言葉、とりわけ母国語を覚えるまでが一次的社会化（primary socialization）、それ以後を二次的社会化と呼びます。社会化は、人生の過程において、決して終わることなく一生の間ずっと持続していくものです。

規範と価値はシンボルのかたちで表現されるわけですから、社会化とは文化を学ぶプロセスであるとも言い換えられますね。最も基本的な社会化である一次的社会化は、母国語ないしはその社会で用いられている標準的言語を、一応、聞き、話し、読み、書けるようになるまでの段階、年齢でいえば６～８歳前後、小学校の低学年あたりまでのことを指すと考えればよいでしょう。

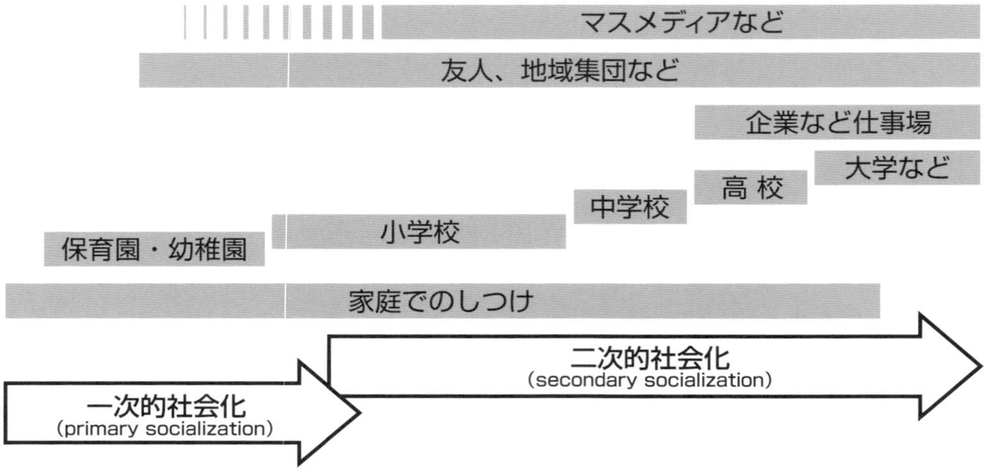

図5.2 ● 一次的社会化と二次的社会化

一次的社会化がすめば、もう学ばなくてよいのでしょうか。そういうわけにはいきません。中学校、高校というように学校教育は続いていくし、家族・親族はもちろん、友人・恋人とのふれあいや、地域、職場でのつきあいは成長とともに増えていくことでしょう。さまざまな相互行為の場において、知識を蓄え、技能を身につけ、感じ方や考え方を育てていきます。これらすべてが社会化なのです。

その担い手は、教師・上司、仲間・同僚、友人・恋人のこともあるし、音楽、ゲームであるかもしれませんね。生きるためにシンボルを操作する動物としての人間は、生まれてから死ぬまでずっと社会化されていくのであり、前に述べた一次的社会化以後の社会化を二次的社会化（secondary socialization）と総称します。もちろん、大人になってからの成人の社会化も二次的社会化に含まれます。

一次的社会化においてはおもに両親などの保護者が、二次的社会化の場合には、さまざまな個人、集団やメディアが規範と価値を学習させる担い手となります。さらに、この社会化の担い手のことをエイジェント（agent）と呼びます。社会化のエイジェントは生身の人間であっても、Web、テレビ、書籍、雑誌、新聞のようなメディアであってもよいのです。電子メディアの発達によって、二次的社会化においては、生身の人間に比べて、ゲーム、コンピュータ、携帯電話、スマートフォンなど、電子メディア経由の影響が大きくなっています。

■ 準拠集団とは手本にしたい人びとのことである

アイドルとしてデビューしたい人がそのためにダンススクールに通い、日夜努力している事例は第２章の目的合理的行為の箇所で述べてきました(51ページ)。彼女はまだ、バックダンサーですらありませんが、憧れのミュージシャンやアーティストは彼女のお手本となる人びとなのです。このような理想、もしくは目標となる集団のことを準拠集団（reference group）と呼びます。

この場合、彼女の準拠集団は現実に生きている人びとですが、一般に、準拠集団やそのモデルは、歴史上の人物や、神話・伝説上の存在であってもよいのです。たとえば、哲学を学ぶ人にとっては、ソクラテス、プラトン、アリストテレスといった古代ギリシアの哲学者が、ロックを目指す人であれば、ジョン・レノン、ジョージ・ハリスンといったミュージシャンが準拠集団やそのモデルとなることもあるかもしれませんね。模範となる人物やそのメッセージが、何らかの文書、音声、絵画、映像、楽譜などによって明快に示されていれば、いま生きている人や集団でなくともかまわないのです。

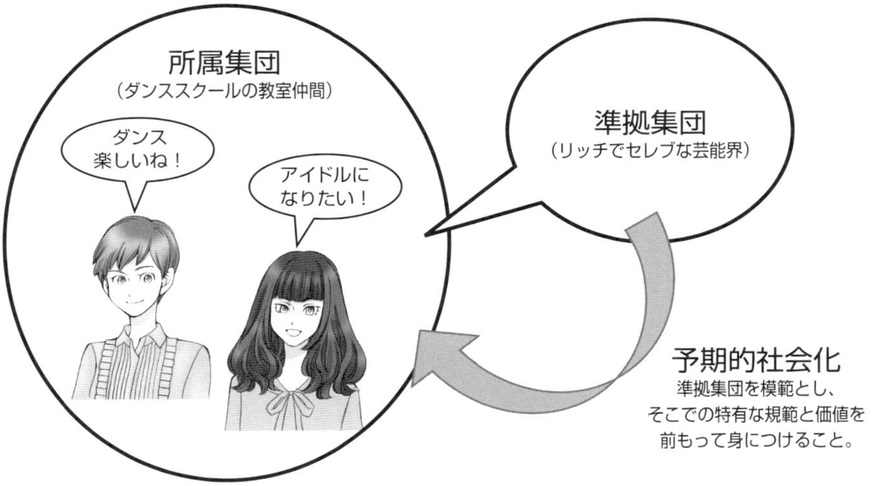

図5.3 ● 準拠集団と予期的社会化

準拠集団は、人生の目標かつナビゲーターでもあります。準拠集団を模範とし、そこでの特有な規範や価値を事前に取り入れることを予期的社会化（anticipatory socialization）と呼びます。ダンススクールでの教室仲間は、準拠集団ではなく所属集団ということになりますね。彼女にとっては、そこでダンスを学ぶことは、アイドルになるための手段、すなわち目的合理的行為であるから、ダンススクールという所属集団は準拠集団ではありません。教室仲間は予期的社会化の対象ではないのです。極端に言うと、ここでは所属集団が将来の踏み台となっているわけです。

これとは対照的に、所属集団が準拠集団と一致する場合もあります。彼女がアイドルとして成功し、リッチなセレブになれたのならば、同じ世界にいる芸能人仲間は、所属集団かつ準拠集団となる可能性が高いでしょう。彼女は芸能人仲間の規範と価値を学習し、社会化されていくからです。

■ さまざまな二次的社会化と再社会化

自らの職業についての規範と価値を学ぶ過程を職業的社会化と呼びます。芸能人やタレントには芸能人やタレントの社会化が、教師には教師の社会化が、航空機のパイロットにはパイロットの社会化が、政治家には政治家の社会化があります。これらはみな職業的社会化です。

たとえば、教師の社会化について述べれば、大学の教育学部や教員養成課程における座学と実習を通じての予期的社会化ならびに新任教員としての赴任校での二次的社会化等々の過程を経て、教師としての職業的社会化はなされていきます。職業的社会化の他にも、政治団体や政治活動との関連での政治的社会化や、倫理や宗教との絡みでの道徳的社会化などもみな、二次的社会化の重要な側面です。

二次的社会化は、母国語ならびに生きていくための基本的な知識と技能を学んでいく子どもの社会化である一次的社会化に比べると、おだやかかつ時間をかけて学習が進んでいくものです。一次的社会化によって人間としての基本的かたちはある程度整えられるともいえるのですが、一次的社会化以降は、そのような徹底的な規範と価値の学習の機会はないのでしょうか。

表5.1 ● 社会化の時期

	母国語を学ぶまで	母国語を学んだ後
徹底的な社会化	一次的社会化	再社会化
ゆるやかな社会化	該当なし	二次的社会化

実は、二次的社会化であっても、一次的社会化なみに激しく密度の濃い社会化の機会は存在するのです。たとえば受刑囚は刑務所において、刑罰を受け、更正を果たすために、規律正しく厳しい共同生活を強いられることになります。戦犯や思想犯にとって

の収容所も同様です。これらの施設は再社会化のエイジェントなのです。再社会化（re-socialization）とは、従前のその人の規範と価値のあり方を一変させてしまう強力かつ甚大なる社会化のことです。一次的社会化ならびにそれまでの二次的社会化で培ってきた基本的な生活習慣や世界観がガラリと変わってしまうことでもあります。軍隊経験や戦争体験なども再社会化に近い効果をもたらすことがわかっています。日本では第二次世界大戦、アメリカでは朝鮮戦争、ベトナム戦争、湾岸戦争、イラク戦争などでそのような事例が多く報告されています。

加えて、移民や少数民族（ethnic minorities）の人びとが異なる文化圏に順応していくことも再社会化といえるでしょう。

5.4　文化と社会化のダイナミズム

■ 文化資本

文化と社会化にかかわる関連概念で近年重要視されているのが文化資本です。文化資本を具体例で考えてみましょう。

大学の法学関係の授業で国際法の文献が必要となりましたが、リナはその本を持っていませんでした。あいにく図書館でも貸し出し中で読むことができません。かなり高額な書籍なため、買おうか否か迷っていると、「お父さんの書斎で見つけたから、貸してあげる」とユウコがその本を渡してくれたのです。祖父と父が２代続けて弁護士であるユウコの家に、法律学の専門書があるのは自然なことです。ユウコの家とは対照的に、書斎があるわけでもなく、専門書といえば、自身の卒業論文用やレポート対策用に買い集めた十数冊の書籍が、リナの家にある学術書のすべてです。ユウコの友情と好意に感謝しつつも、「ウチとは文化資本が違うわねぇ」と感じたリナでした。

文化資本（capital culturel【フランス語】、cultural capital）とは言語能力や知識・情報を含む、学校、職場、社交など生活上のさまざまな場において有利に働く能力・スキルや制度、環境全般のことを指し、ここでの書籍などの物財も含まれます。この場合は父親が保有している一群の学術書という環境が文化資本にあたりますが、弁護士かつ知識人としての父親の教養や職業的素養に加え、父親からのしつけや薫陶を含めてユウコの家庭は有形無形かつ多種多数な文化資本を保有していると考えられます。

文化資本の概念は、フランスの社会学者、ブルデュー（Bourdieu, Pierre 1930-2002）によって導入されましたが、子どもの学業成績を説明する要因の１つとして本来考案されたものです。第一に、蔵書、絵画彫刻など芸術作品、ピアノのような楽器や機械、道具など、有形であり客体化されたモノとしての文化資本、第二に、学歴・学位、各種の資格・試験の成績、免許状など制度によって保証されたコトとしての文化資本、第三に、特に意識、意図せずとも自然に発動するような身のこなし方や感じ方、考え方、言葉遣い、芸術作品の鑑賞能力、外国語の運用能力など、身体化された文化資本があげられます。

家庭などでの社会化の結果、特に意識、意図せずとも自然に発動するような身のこなし方や感じ方、考え方をハビトゥス（habitus【ラテン語】）と呼び、これらの性向《せいこう》も、前述の第三のカテゴリーにあたる、身体化された文化資本です。

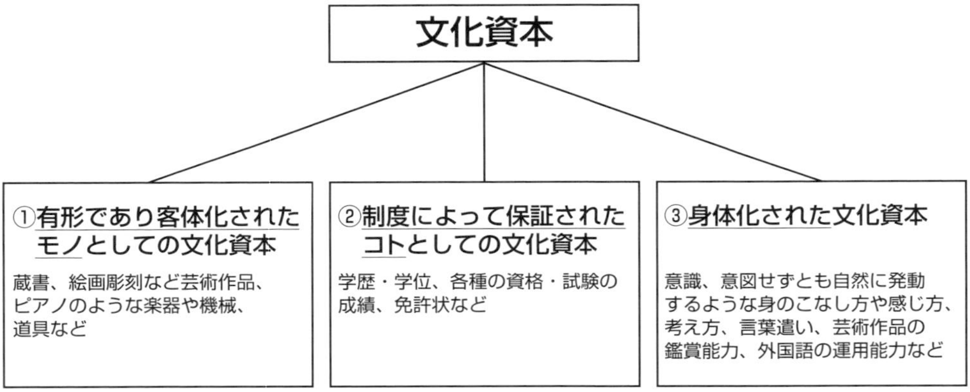

図5.4 ● 文化資本の３つのカテゴリー

■ 信念と信仰

超越した存在への信仰が生まれる社会的、文化的背景を考えてみましょう。もし経験を超えた存在を受容すれば、科学では扱えない実存的な不安や恐怖、つまり、例外なくすべての人びとが直面しなければならない人生上の大きな悩みを取り除くことができます。ここに、宗教成立の秘密が隠されています。

信念（belief）とは特定のメッセージをかたく信じることです。大学院生のユカは、「女性の従属的立場は男性による収奪と支配によるものだ」という学説を知っており、多数の社会学者によって理論的に説かれ、経験的な資料に基づき確認されてきたこの有力な学説を信じています（図5.5）。これはユカのフェミニスト（feminist）としての信念でもあります。ユカの場合は、メッセージが合理的もしくは経験的根拠を有する科学的知見であるため、それは社会学を専攻する大学院生イコール科学者としての信念ともいえます。

一方、信仰（faith）とは信念の一形態であり、経験を超えた存在を信じることです。自然科学は、生物としての人間の誕生、病気や死亡についての遺伝学的もしくは生理学的メカニズムを適切に答えてくれます。社会学をはじめ社会科学は、社会や集団の現状分析や将来予測を明快に教えてくれます。しかしながら、それらは、有限かつ特定の存在である、いまを生きる実存、つまり自分自身における、生老病死の根本的意味への解答ではありません。

科学は、たとえば「なぜ妹は病気を持って生まれてきたのか」といった問いに、「一定の確率で遺伝病が発生する」といった、統計に基づく科学的知見でしか答えられないからです。もちろん、この答えは的外れな誤謬《ごびゅう》ではありませんし、自然科学や社会科学が間違っているわけでもありません。そもそも、このような問い自体が、科学による認識を超えた彼方に設定されているのです。

「妹さんの病気は信仰心の不足によるものだ」といった神秘主義的な説明は、このような超越的な問いに、簡単に偽の答えを与えてしまうのです。ここに信仰が生まれる心のすきまがあります。信仰とは経験を超えた存在を信じることです。信仰は、信仰を保つための社会的しくみである宗教（religion）を出み、宗教が信仰を再生産していくのです。信仰や宗教は認識の放棄とみなされ、迷信と呼ばれることもありますが、その見方は誤っています。いまを生きる実存における生老病死の根本的意味への解答が科学では提供されないために、生きる意味を死ぬまで求め続け思考する動物である人間は、たとえ虚偽もしくは安易であったとしても、その答えを信仰と宗教に求めざるを得ないのです。認識の放棄ではなく、認識の追求の果てに信仰と宗教はあるともいえるでしょう。

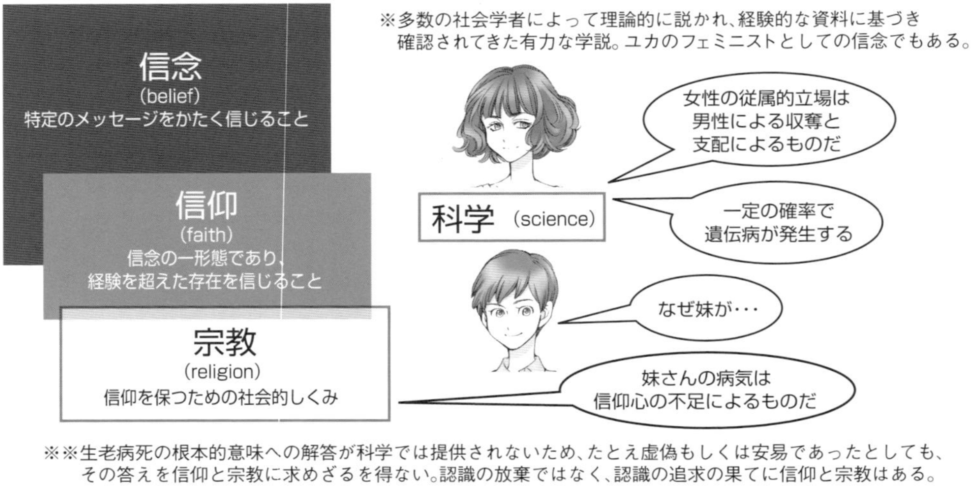
※多数の社会学者によって理論的に説かれ、経験的な資料に基づき
確認されてきた有力な学説。ユカのフェミニストとしての信念でもある。
信念
(belief)
特定のメッセージをかたく信じること
信仰
(faith)
信念の一形態であり、
経験を超えた存在を信じること
宗教
(religion)
信仰を保つための社会的しくみ
科学 (science)
女性の従属的立場は
男性による収奪と
支配によるものだ
一定の確率で
遺伝病が発生する
なぜ妹が…
妹さんの病気は
信仰心の不足によるものだ
※※生老病死の根本的意味への解答が科学では提供されないため、たとえ虚偽もしくは安易であったとしても、
その答えを信仰と宗教に求めざるを得ない。認識の放棄ではなく、認識の追求の果てに信仰と宗教はある。

図5.5 ● 信念と信仰

■ イデオロギーとユートピア

イデオロギーとは虚偽意識、ユートピアとは理想郷のことです。無数の社会運動が改革と刷新の夢を高らかに語りますが、ユートピアの担い手は、ほんの一握りであり、残りはイデオロギー集団に過ぎないのです。

イデオロギー(ideology, Ideologie【ドイツ語】) とは存在に拘束され、決して成就することがない虚偽、もしくは空虚なメッセージのことです。「妹さんの病気は信仰心の不足によるものだ」と答えた例を思い起こしてみましょう。このメッセージは、経験的手段では何人によっても確認不能です。その意味では、あらゆる神秘主義は空虚なメッセージなのです。では、なぜ空虚なメッセージが生み出され、流通し、存続するのでしょうか。

イデオロギーはそのことを信じてしまう人びとが存在することで利益を得る人びとがいる限り、この社会からなくなりにくいのです。誤った信仰を植えつけ、「バチがあたるぞ」「取り殺されるぞ」といった脅しを介して信者から不当に金銭をまきあげたり、「白人が最も優れている」という誤謬を蔓延させて、有色人種を抑圧したり、イデオロギーが支配のツールとして利用される例は枚挙にいとまがありません。男性優位主義と性差別の関係も同様です。

ユートピアとは現時点では夢ですが、将来実現しうる社会像のことです。ユートピア

（utopia, Utopie【ドイツ語】）とは現時点では成就してはいないものの、もし社会のあり方が変われば、将来において実現するメッセージのことなのです。イデオロギーとユートピアは似ています。しかし、イデオロギーが永遠に虚偽であり続けるのに対し、ユートピアは努力によって真実になります。「女性に男性と同じ権利を」と唱え続けてきた女性解放運動としてのフェミニズム（第6章185ページ参照）のメッセージは、その一部が確かに実現してきました。デモクラシーやエコロジーも同様です。何れも100年前にはイデオロギー扱いされていたにもかかわらずです。

ユートピアとイデオロギーの担い手が社会運動です。無数の社会運動が、ある集団は未来の社会像を賭けて、ある集団は既得権益にすがって、たたかいを続けているのです。しかし、残念ながら、どれが本当のユートピアかは、同時代、現時点ではわかりません。それは未来の歴史家にたずねましょう。実現されたか否かは歴史だけが教えてくれるのですから。

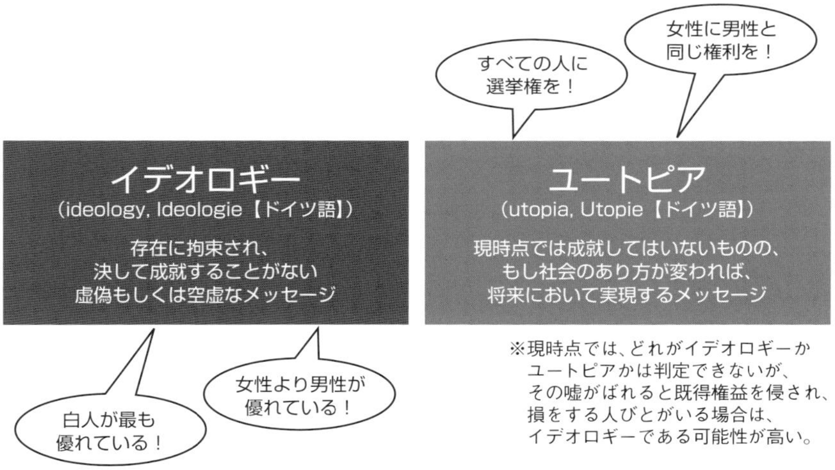
すべての人に選挙権を！
女性に男性と同じ権利を！
イデオロギー
（ideology, Ideologie【ドイツ語】）
存在に拘束され、
決して成就することがない
虚偽もしくは空虚なメッセージ
ユートピア
（utopia, Utopie【ドイツ語】）
現時点では成就してはいないものの、
もし社会のあり方が変われば、
将来において実現するメッセージ
白人が最も優れている！
女性より男性が優れている！
※現時点では、どれがイデオロギーか
ユートピアかは判定できないが、
その嘘がばれると既得権益を侵され、
損をする人びとがいる場合は、
イデオロギーである可能性が高い。

図5.6 ● イデオロギーとユートピア

第6章

ジェンダー

6.1 ジェンダー

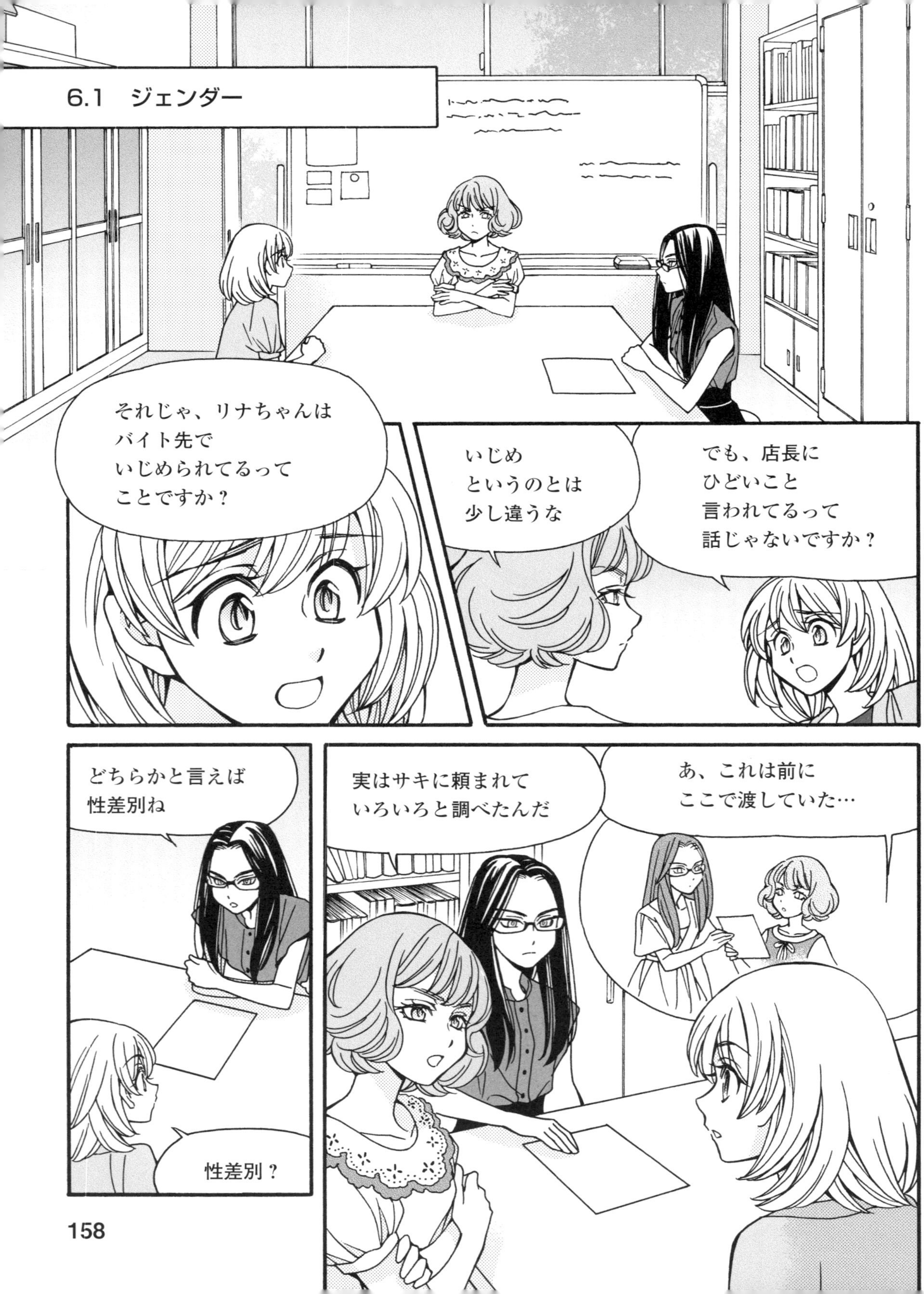
それじゃ、リナちゃんは
バイト先で
いじめられてるって
ことですか？
いじめ
というのとは
少し違うな
でも、店長に
ひどいこと
言われてるって
話じゃないですか？
どちらかと言えば
性差別ね
性差別？
実はサキに頼まれて
いろいろと調べたんだ
あ、これは前に
ここで渡していた…

これを読む限り あまり評判のいい 店長さんじゃ なさそうね
以前にあのカフェで バイトをしていた 学生から聞いた話を まとめたものよ
彼氏の有無を聞いてくる
よく身体を触ってくる
女性だけの個人情報を詳しく聞いてくる
自分の出勤時間にお気に入りの女性をシフトに入れる
女性の時給を上げない
「女性だからバイトリーダーに なれない」って ひどいですよ、これ
他にも女性であることを理由に 叱責されることも多いみたいだね
そんなの絶対に許せません！
こういったジェンダーの問題は なかなか根深いものよ
ジェンダー？

◆ ジェンダー

ジェンダー（gender）とは社会的、文化的につくられた性差だ
文化的につくられた男女の性差っていうことですか？
女性と男性の身体には性器を中心とした生物学的違いがあるの
その解剖学的性差をセックス（sex）と呼ぶけれどジェンダーはそれとは異なるんだ
セックスは遺伝的情報によってもたらされているけど、それに対してジェンダーは歴史の中で形成されてきた人為的な産物なの
要するに生まれながらあるいは自然にもたらされた性質ではないということね
「女性は清楚で優しくあれ」「男性は強靱でたくましくあれ」
みたいな性差のことですか？
そのとおり

女性は
性愛、家族、地域
産業組織、国家の中で
男性によって長い間
従属的地位に
おとしめられてきた
「女は女らしく、男は男らしく」
といったジェンダー規範や
「女性は家事や育児に携わり
男性は家の外で働くのが
当たり前」
といった性別役割分業も
みなジェンダー的な
社会のしくみに
由来しているものだ
店長さんにもそういった
男性優位主義の考えが
根づいているんでしょうね
でも、どうしてそんな
差別があるんでしょうか？
差別がなくならないのは
そこから利益を得る人びとが
いるからだよ
現存する支配抑圧を
正当化、合理化したものが
偏見や差別なのよ
偏見や差別…
「女性はバイトリーダーにしない」
という考えは
女性より男性が優れている
という誤った根拠によって
女性全体を劣った存在として
見下しているものよ
これを偏見（prejudice）
というの
この場合は
ジェンダーに
かかわる偏見ね

ほとんどの場合
偏見は偏見だけに止まらないよ
偏見の持ち主はターゲットにされた
個人やその個人が属する集団・集まりに
不利益を導く行為をなすことになる
それが差別
（discrimination）だ
それじゃ、偏見が差別を
生むってことですか？
そういうことになるな
偏見や差別は何も男女の間に
起こるものばかりではないわ
エスニシティ（ethnicity）絡みの
人種・民族的差別、部落差別、
居住地差別、学歴・学校歴差別など
不条理で過酷な差別は
今でもみられるものよ
偏見も差別も
おかしいです！
間違っていてもすぐに消えるものではない
さっき言ったとおり、それで利益を得ている
人びとがいるからな

◆ セクシュアリティ

性差別の問題だと セクシュアリティや 性的指向（sexual orientation）の 多様性を認めないことも 差別を生んでいるわね
それって 性愛のことだっけ？
正確に言えば セクシュアリティ（sexuality） とは、性愛対象に向けられた 欲望または性愛そのものを指す
セクシュアリティは快感を伴う 器官的反応などの 自然の要素だけではなく
ジェンダー規範によって 形成、制御、拘束された 社会的、文化的な働きでもあるのよ
ジェンダー規範はそんなところにも 影響があるんだね
でも、セクシュアリティの多様性を 認めないってどういうこと？
たとえばアヤさんは生物的に女性で 自分がジェンダーとして何者であるかという 性自認から見ても女性よね
うん

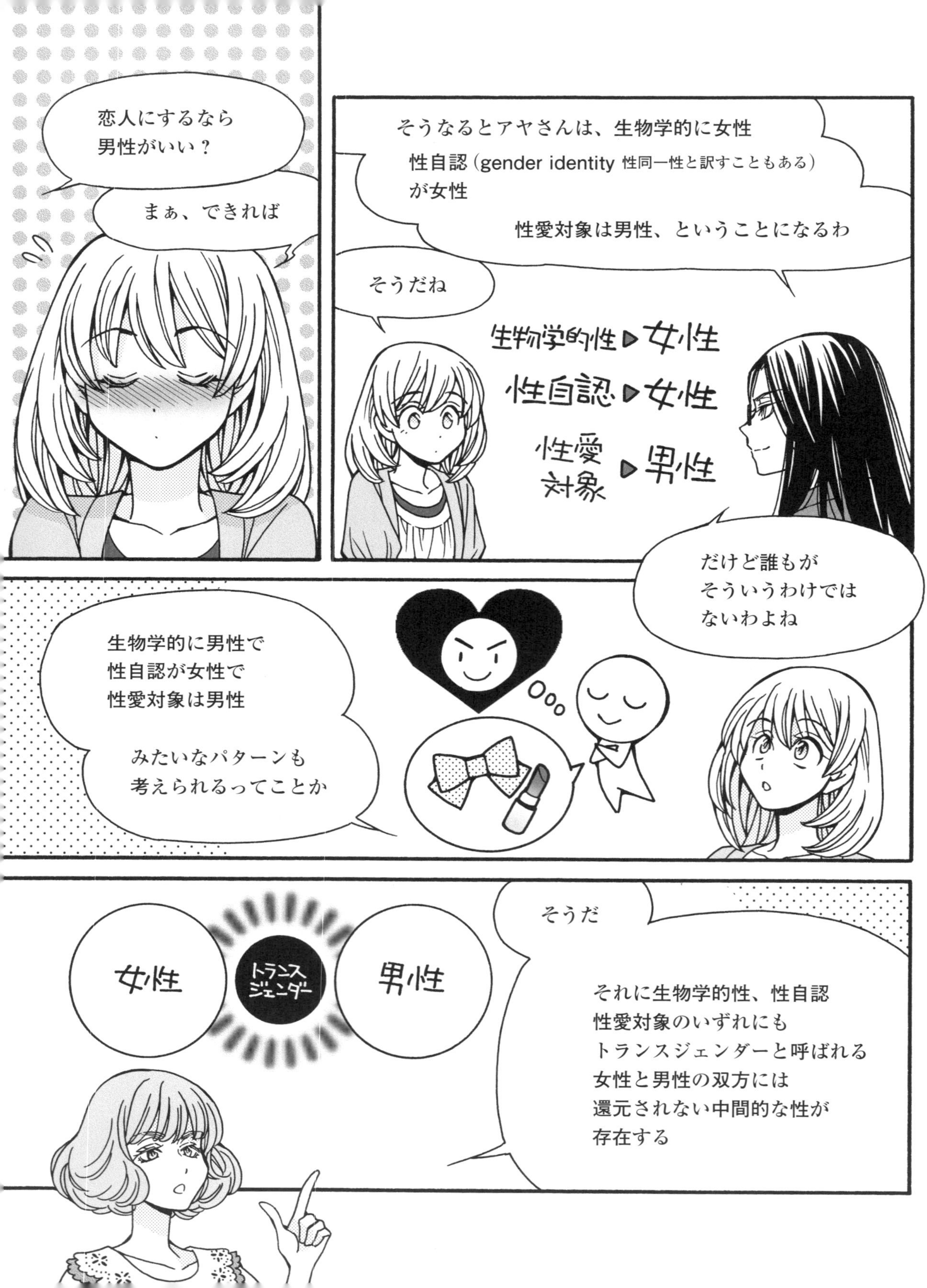

恋人にするなら
男性がいい？
まぁ、できれば
そうなるとアヤさんは、生物学的に女性
性自認（gender identity 性同一性と訳すこともある）
が女性
性愛対象は男性、ということになるわ
そうだね
生物学的性▶女性
性自認▶女性
性愛対象▶男性
だけど誰もが
そういうわけでは
ないわよね
生物学的に男性で
性自認が女性で
性愛対象は男性
みたいなパターンも
考えられるってことか
そうだ
女性
トランスジェンダー
男性
それに生物学的性、性自認
性愛対象のいずれにも
トランスジェンダーと呼ばれる
女性と男性の双方には
還元されない中間的な性が
存在する

ということは…
3パターン
①女性 ③男性
②トランスジェンダー
生物学的性
×
3パターン
①女性 ③男性
②トランスジェンダー
性自認
×
3パターン
①女性 ③男性
②トランスジェンダー
性愛対象
3の3乗で27通りのパターンがあるわけか
生物学的性が女性ならば性自認も女性で性愛対象は男性でなければならない
生物学的性が男性ならば性自認も男性で性愛対象は女性でなければならない
それが強制的異性愛（compulsory heterosexuality）だ
そうね セクシュアリティにはそれだけの多様性がありながら多くの社会はジェンダー規範や生殖の観点から同性愛を禁じてきたわ
いろいろな差別があるんですね
セクシュアリティも自然の働きのみならず社会と文化によってもつくられているのよ

他には…
えっ！　セクハラされたって
言ってる人もいます！
そうなんだ、だから
わたしたちとしても…
ガタッ
セクハラなんて
絶対に許せません！
アヤさん
落ちつけないよ！
だって、もしかしたら今だって
リナちゃんがひどい目に
あってるかもしれないんだよ
それなら、その勢いで
カフェに飛び込んで
暴れる？

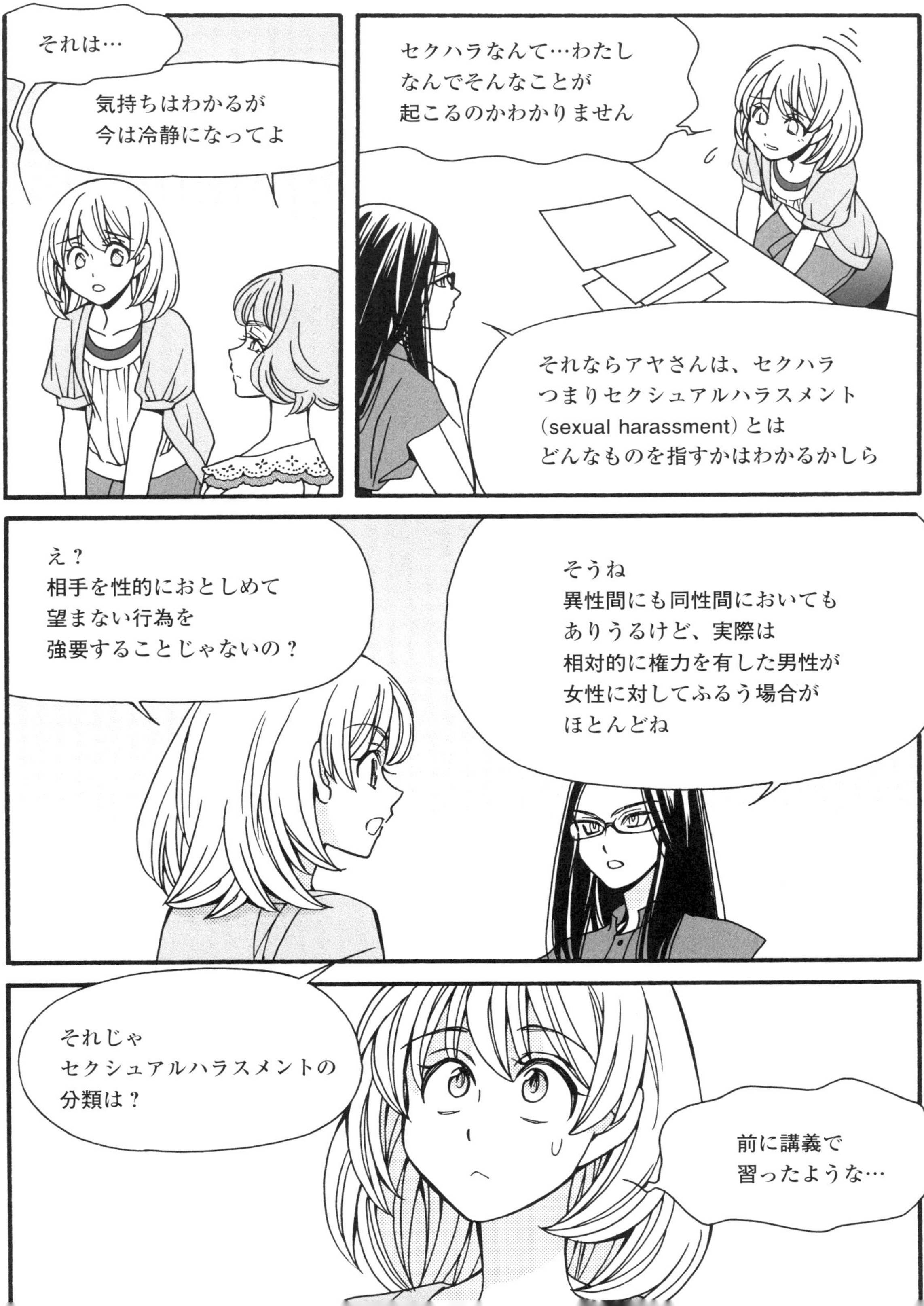
それは…
気持ちはわかるが今は冷静になってよ
セクハラなんて…わたしなんでそんなことが起こるのかわかりません
それならアヤさんは、セクハラつまりセクシュアルハラスメント(sexual harassment)とはどんなものを指すかはわかるかしら
え？相手を性的におとしめて望まない行為を強要することじゃないの？
そうね異性間にも同性間においてもありうるけど、実際は相対的に権力を有した男性が女性に対してふるう場合がほとんどね
それじゃセクシュアルハラスメントの分類は？
前に講義で習ったような…

対価型と環境型の
２つだ
たとえば、男性教諭が女子生徒に
成績や単位をちらつかせて
性的関係を要求する
これが対価型
もしも要求に従わなかったら
卒業できないかもしれないとかの
不利益があるわけですね
会社で男性上司が
部下である女性に
わいせつな言葉を
吐いたりする
これが環境型
こっちは上司の発言で
就業環境がすごく
悪くなりますね
対価型と環境型
どちらにも共通していることは
権力を背景として
女性側が性的対象物に
おとしめられていることよ
他にも教諭や大学教授の場合は
アカデミックハラスメントと呼ばれる
学校や研究の場における
権力を利用した嫌がらせに
該当する可能性もあるな

◆ レイプ・イデオロギー

レイプで被る身体的、精神的ダメージはとても大きいわ
だけどレイプの恐ろしさはそれだけじゃないの
そしてセクシュアルハラスメントも含めて男性優位主義の背景にあるのがレイプよ
レイプ…
レイプの恐ろしさは知人、友人、恋人、親族であろうがすべての男性が潜在的にはレイプ加害者になりうるという恐怖を
レイプ事件から察知してしまうところにあるの
性器が凶器となりうることで全男性が全女性を威嚇し
支配していることを自覚させられてしまうということだ
レイプは多くの社会にあっては性犯罪として裁かれるけど男性優位主義の視点から見れば
女性を抑圧し性差別を正当化している側面があるのよ

性差別の背景に
レイプがあるなんて…
一人の女性への凌辱は
全女性への威嚇となるわ
そしてレイプは女性を
隷属させる暴力装置であり
レイプ・イデオロギー※
（rape ideology）
によって支えられているの
レイプ・イデオロギーは
夫婦間レイプや
デートレイプ
戦争時のレイプ
「逸脱者」による性犯罪
父親による女児虐待など
あらゆるレイプを隠し
暗に守りさえする
そこでは
差別的な法制度
体制への責任転嫁
「逸脱者」という言い訳
家父長制による隠ぺいといった
さまざまな理由が総動員され
レイプによる男性支配
女性被支配の構造が
温存されていくんだ
レイプとは無関係に見える
自由な個人間における
性交渉も
レイプ・イデオロギーの
影響下にあるのよ
どういうこと？

※イデオロギーとは第５章で扱った虚偽意識のこと

ポルノグラフィやDVD グラビア雑誌に描かれた 女性蔑視の画像や映像が 実際の性交渉のあり方を 規定しているわ
それが レイプ・イデオロギーを 補強することに つながっているの
そうか そういう影響も あるんだね
性差別のことは わかったし セクハラや レイプ・イデオロギーの こともわかった
だけど リナちゃんのために 何ができるか まだわからないよ …
女性解放運動としての フェミニズム（feminism） によって問題提起された セクシュアルハラスメント という考え方は 男性優位主義を 告発するための装置だ
え？
不当にも隷属的地位におとしめられている 全女性の救済と復権のためには
「常識の範囲内」あるいは 「他愛ない冗談」という
逃げ口上とともに常態化している 性的いやがらせを表面化させ 問題化する必要があるわ

リナちゃんのバイト先を
告発するつもりですか？
わたしは
そのつもりだよ
女性への脅しや暴言を
セクシュアルハラスメントとして
告発することは
単に個々の男性の暴力を
裁くことだけにとどまらない
全男性による性差別を
白日の下にさらし
男性優位主義に染まった
社会構造を変える
一助になるかもしれない
社会構造を…
変える…
わたしもそのつもりよ
だから先輩に証言者を
集めてもらっていたの
今からカフェの本社に
反応があるまで
メールを送り続けて
抗議するつもりよ！
それはもう
鬼のように
あの

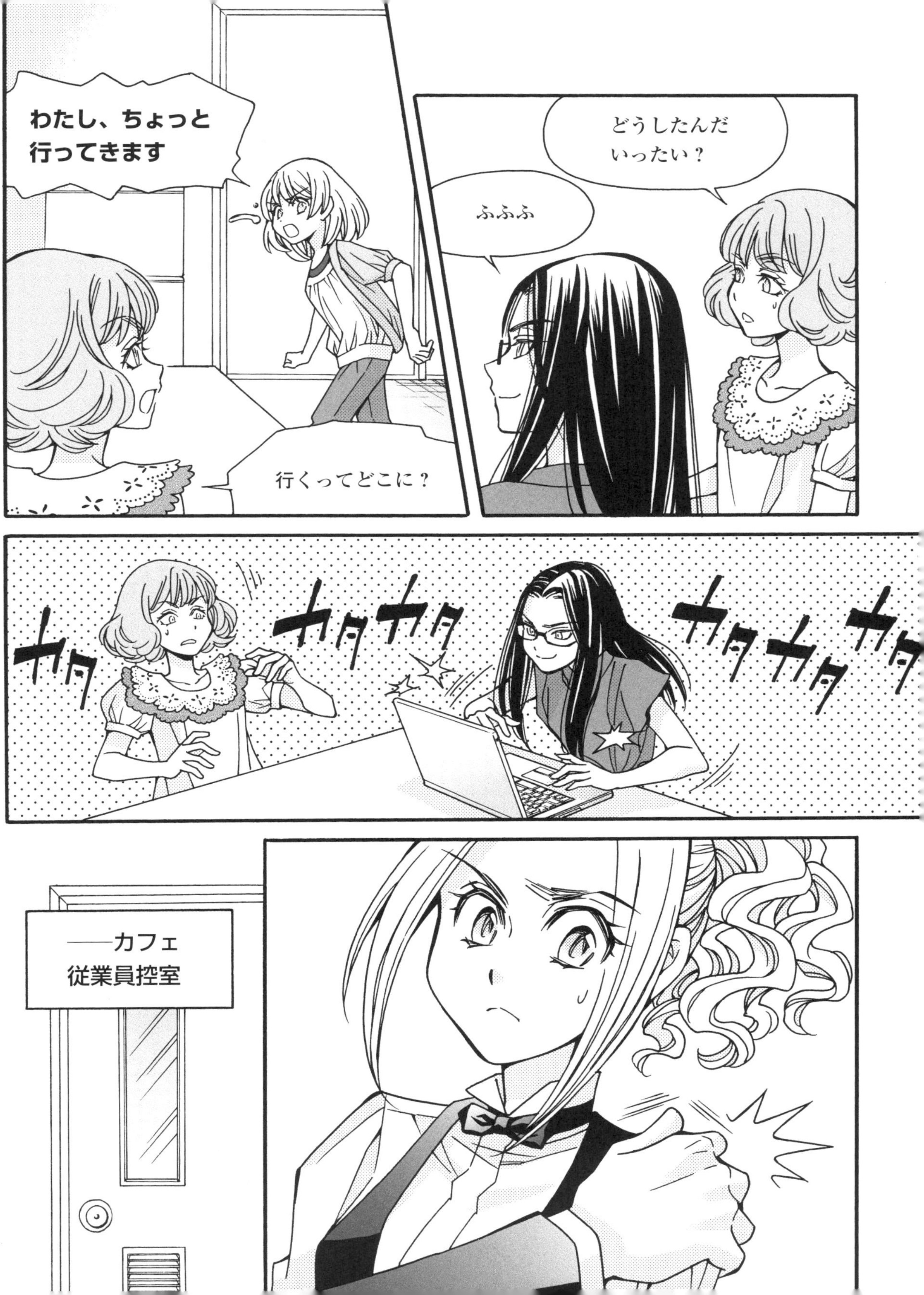
わたし、ちょっと
行ってきます
行くってどこに？
どうしたんだ
いったい？
ふふふ
カタ
カタカタ
カタカタカタ
——カフェ
従業員控室

女のクセに口ごたえ
する気か！
男女は関係ないと
思います
最近ちょっと
生意気じゃないか？
そんなことないと
思いますけど
なんだと！
アヤちゃん！
失礼します！

店長さんに言いたいことがあります
いきなり入り込んできて唐突に何を言い出すんだ
誰だお前は
通りすがりの者です
はあ!? どこを歩いてたらここに迷い込むんだよ!
店長さん!
社会学を勉強してください!
…は?

ちょ、ちょっと何を言ってるの!?
わたし今まであまり深く考えずに社会学の講義を受けてきました

でも、みんなといろいろな経験をしながら社会学のことを考えていくうちに社会学の大切なことがわかってきたんです
何をわけのわからんこと言ってるんだ
聞いてください！社会学は関係の視点から集まりとしての社会を研究する科学です
社会を研究するというのは社会の新しい姿を見つけ得るということ
それは新しいものの考え方を知ることです
わたしはそのことを大切な友だちに教わりました
アヤちゃん…

わたしは社会学を知って
ほんの少しだけかも
しれませんが変わりました
だから店長さんも
変われるかもしれません
女が生意気
言うんじゃない！
俺は別に変わる
必要なんかない！
わたしも店長は
変わらなくちゃいけないと
思います！
なんだと!?
店長の考え方は
おかしいです！
絶対に絶対に
間違ってます！
ふざけるな！
いい加減にしないと
クビにするぞ！
こんな店こっちから
辞めてやりますよ！
ベーっ
行こう！

あんな風に出てきちゃって大丈夫なの？
制服のまんまだった
うん
もう辞めてやろうと
思ってたんだよ
なかなかタイミングが
見つからなかったけど
アヤちゃんのおかげで
言い出せてよかったよ
でもバイト
辞めちゃったら…
新しいバイト先なら紹介できるけど
にゅっ
まさかあんな行動を
するとは
思わなかったわ
え？　見てたの？

わたしはいつも なんでも見ているわ
怖いよ！
どうなのリナ 吹っ切れたのかしら？
まぁね アヤちゃんが ガツンと やってくれたし
あんまりガツンとは やってないような…
リナが納得しているなら それでいいわ
あの男には セクハラ救済のNPO法人と 彼を雇用しているカフェの 本社から相応の糾弾と 制裁が加えられるでしょうし
制裁？
生まれてきたことを後悔する 程度の軽いやつだけど
それ全然軽くないよ！

ねぇ、リナちゃん
わたし余計なことしたよね 本当にごめん
ナイスタイミングだったよ
わたしはアヤちゃんに 助けられたんだよ
ありがとう
ところでアヤさんは どうして店長にあんなことを 言ったのかしら
リナちゃんを 助けたいって 思ったのと
店長には 新しい社会の 見方を知って 欲しかったから…
かな？

わたしは
これまでの勉強で
新しいことが
色々見えてきたよ
社会学ってそんなことまで
勉強するものなの？
新しい社会の
見方ね…
リナちゃんは天然社会学娘だから
きっと何もしなくてもわかってるんだよ
駅前に新しいアイスクリーム屋さんが
できたらしいよ
それじゃ、さらに新しい世界を
知ってもらいましょうか
え？
よし
すぐ行こう！

フォローアップ

6.2　ジェンダーを復習しよう

■ 偏見と差別

ここでは、ジェンダーの話に入る前に、その前提として、偏見と差別について説明を加えましょう。

リナの中学校時代、学級でクラス委員選挙が行われました。得票数が１番だったのはリナでした。２番は男子です。担任教師が「最初に決めたとおり、委員長は１位になった人だからリナ。２位は副委員」と話しはじめたところ、２番の男子が「リナは女だから委員長になるのはおかしいよ」と文句をつけはじめたのです。

それでは、このような文句をつけた男子生徒の男性優位主義的な発言について考えてみましょう。彼は、女性より男性が優れているという誤った根拠に基づき、リナという個人もしくはリナが属する女性全体を劣った存在として見下しているのです。これを偏見（prejudice）と呼びます。偏見とは謝った根拠に基づく判断のことです。この場合は、性差にかかわる偏見です。

ほとんどの場合、偏見は偏見だけに止まりません。偏見の持ち主は、ターゲットにされた個人もしくはその個人が属する集団や集まりに不利益を導く行為をなすことになります。それを差別（discrimination）と呼びます。リナに対する偏見は、偏見を有した彼の胸の内に止まることなく、意見表明されたのです。それはリナの委員長就任を阻止しようとするものであり、男性優位主義的な性差別そのものです。

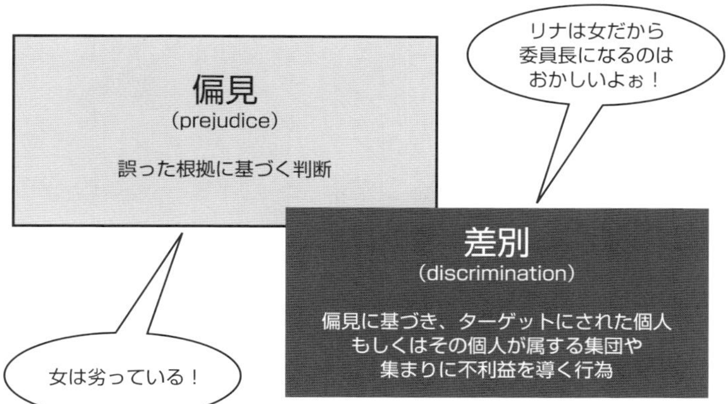
偏見
(prejudice)
誤った根拠に基づく判断
リナは女だから
委員長になるのは
おかしいよぉ！
差別
(discrimination)
偏見に基づき、ターゲットにされた個人
もしくはその個人が属する集団や
集まりに不利益を導く行為
女は劣っている！

図6.1 ● 差別と偏見

差別がなくならないのはなぜでしょうか。差別に苦しむ人びとがいる反面、それによって得をする人びとがいるからです。たとえば、性差別の加害者である男性は、同時に受益者でもあるのです。人類史のある時点において、本来対等であるべきはずの女性たちが、男性たちによる収奪のターゲットとなり、従属させられていったのです。「女は劣っている」という男性優位主義的な偏見とそれに基づく性差別は、暴力的かつ組織的に女性を奴隷化した男性たちが、その事実を隠ぺいし、自分たちの行為を正当化していることの意見表明なのです。それゆえ、男性優位主義は前章で述べたイデオロギー（虚偽意識）に該当します。

■ ジェンダーは社会的、文化的につくられる

女性と男性の身体には性器を中心とした生物学的違いがあります。その生物学的性差をセックス（sex）と呼びます。それに対して、「女性は清楚で優しくあれ、男性は強靭でたくましくあれ」といった社会や文化の中で作られてきた性差をジェンダー（gender）と呼びます。セックスは遺伝的情報によってもたらされていますが、ジェンダーは歴史の中で形成されてきた人為的な産物であり、決して生まれながら、あるいは、自然にもたらされた性質ではありません。

女性は、性愛、家族、地域、産業組織、国家の中で、男性によって長い間従属的地位におとしめられてきました。「女は女らしく、男は男らしく」といったジェンダー規範や、「女性は家事や育児に携わり、男性は家の外で働く」といった性別役割分業も、みなジェンダー的な社会のしくみに由来しており、リナが中学生時代に体験した男性優位主

義は、われわれの社会に根深くはびこっているのです。

ジェンダーとは社会的、文化的性差のことです。女性と男性もしくは第三の性（が存在しない／存在する）といったカテゴリーによって個人を差異のあるものとみなす一連の規範群を指します。性差別すなわちジェンダーに基づく差別は、その背景にある強力な男性優位主義によって、このような性差が規範に過ぎず、人為的であるにもかかわらず、あたかも自然なことのように見えてしまうのです。

■ セクシュアリティの多様性を制限する社会

ジェンダー規範に拘束された欲望、もしくは性愛としてのセクシュアリティは、自然のみならず、社会と文化によってもつくられています。

セクシュアリティ（sexuality）とは性愛対象に向けられた欲望もしくは性愛そのものを指し、快感を伴う器官的反応などの自然の要素を含みつつも、ジェンダー規範によって形成、制御、拘束された社会的、文化的な働きです。

アヤは女性であり、彼女自身も自分は女性だと信じています。そして彼女が好きな対象は男性です。アヤのセックス、つまり生物学的性は女性であり、性自認も女性、そして性愛対象は男性ということになります。女性をＦ、男性をＭで表し、性自認、次の括弧内を生物学的性、矢印の先を性愛対象というルールで表現すると、アヤの性的指向(sexual orientation)を含むセクシュアリティは、Ｆ(Ｆ)→Ｍということですね。彼女に恋人ができれば彼は、Ｍ(Ｍ)→Ｆで表されるでしょう。

上記がすべてのセクシュアリティではありません。Ｆ(Ｆ)→Ｍ、および、Ｍ(Ｍ)→Ｆ、の２つはほんの一部に過ぎないのです。性自認と生物学的性が女性である人が性愛対象に同性である女性を望んでいるとするならば、Ｆ(Ｆ)→Ｆとなるし、生物学的性は男性ですが、自分が女性だと信じており、性愛対象は性自認と異なる男性を好むとするならば、Ｆ(Ｍ)→Ｍとなります。さらに、生物学的性、性自認、性愛対象のいずれにも、トランスジェンダー（Ｔ）と呼ばれる女性と男性の双方には還元されない中間的な性が存在するのです。

セクシュアリティには、３の３乗である27通りという多様性がありながら、多くの社会はジェンダー規範や生殖の観点から同性愛を禁じ、トランスジェンダーを無視して、セクシュアリティをＦ(Ｆ)→ＭとＭ(Ｍ)→Ｆのみに強いてきました。これを強制的異性愛(compulsory heterosexuality)と呼びます。セクシュアリティは生物学、生理学レベルの自然の働きのみならず、社会と文化によっても作られているのです。

女性の性自認		トランスジェンダーの性自認		男性の性自認	
1	F（F）→F	10	T（F）→F	19	M（F）→F
2	F（F）→T	11	T（F）→T	20	M（F）→T
3	**F（F）→M**	12	T（F）→M	21	M（F）→M
4	F（T）→F	13	T（T）→F	22	M（T）→F
5	F（T）→T	14	T（T）→T	23	M（T）→T
6	F（T）→M	15	T（T）→M	24	M（T）→M
7	F（M）→F	16	T（M）→F	**25**	**M（M）→F**
8	F（M）→T	17	T（M）→T	26	M（M）→T
9	F（M）→M	18	T（M）→M	27	M（M）→M

※女性をＦ、男性をＭで表し、性自認、次の括弧内を生物学的性、矢印の先を性愛対象というルールで表現すると、セクシュアリティには、3の3乗である27通りという多様性がありながら、多くの社会はジェンダー規範や生殖の観点から同性愛を禁じ、トランスジェンダーを無視して、セクシュアリティを3番のF（F）→M、25番のM(M)→Fのみに強いてきた。これを強制的異性愛（compulsory heterosexuality）と呼ぶ。

図6.2 ● 強制的異性愛

■ セクシュアルハラスメント

問題視されながらも、セクシュアルハラスメントがなくならないのはなぜでしょうか。セクシュアルハラスメントによって裁かれているのは、個々の男性による暴力とともに、男性優位主義というイデオロギーなのです。

セクシュアルハラスメント（sexual harassment）とは、相手を性的におとしめ、望まない行為を強要することです。異性間にも同性間においてもありえますが、実際は相対的に権力を有した男性が女性に対してふるうタイプが頻発しやすいのです。具体的には、男性教諭が女子生徒に成績や単位をちらつかせて性的関係を要求したり（対価型）、男性上司が部下である女性にわいせつな言葉を吐いたりすること（環境型）などが挙げられます。前者の場合では、女子生徒は教諭の要求に従わなければ、卒業できないなど大きな不利益が予想され、後者の場合では、上司の性的言動によって部下の就業環境は著しく悪化します。そして、双方に共通なのは、権力を背景として、女性側が性的対象物におとしめられていることです。さらに、教諭や大学教授などの場合は、セクシュアルハラスメントに加えて、アカデミックハラスメントと呼ばれる学校や研究の場における権力を利用した嫌がらせにも該当します。

女性解放運動としてのフェミニズム（feminism）によって問題提起されたセクシュアルハラスメントという考え方は、男性優位主義を告発するための装置です。不当にも隷属的地位におとしめられている全女性の救済と復権のためには、「常識の範囲内」あるいは「他愛ない冗談」という逃げ口上とともに常態化している性的嫌がらせを、表面化させ、問題化することがむしろ戦略として大切です。女性への脅しや暴言をセクシュアルハラスメントとして告発することは、単に個々の男性の暴力を裁くことだけに止まりません。それは全男性による性差別を白日の下にさらし、男性優位主義に染まった社会構造に変更を加える試みなのです。

対価型のセクハラですよ先生！加えて、アカデミックハラスメント！
自宅で個人指導をしてあげよう成績が上がるよ
アヤ
環境型のセクハラですよ店長！
魅力的な体つきだ色っぽいねぇ
リナ
セクシュアルハラスメント
(sexual harassment)
相手を性的におとしめ、望まない行為を強要すること。異性間にも同性間においてもありえるが、実際は相対的に権力を有した男性が女性に対してふるうタイプが頻発しやすい。

図6.3 ● セクシュアルハラスメント

■ レイプこそ性差別の元凶

レイプは女性にとって大変恐ろしいものです。被る身体的、精神的ダメージは甚大かつ計り知れません。レイプが恐ろしいのは、単にレイプ犯が冷酷残忍だからという理由に止まりません。それが通りすがりだろうが、知人・友人・恋人・親族であろうが、すべての男性が潜在的にはレイプ加害者になりうるという身の毛がよだつ恐怖を、偶然見聞きした特定のレイプ事件から容易に想像、連想してしまうからです。父親や兄弟、いや恋人さえも自分をレイプしうる潜在的加害者であることを察知してしまうからなのです。性器が凶器となりうることで、全男性が全女性を威嚇し、支配していることを、好むと好まざるとにかかわらず自覚させられてしまうからです。レイプは、多くの社会にあっては性犯罪として裁かれますが、実は、男性優位主義の視点から見れば、順機能的であり、女性を抑圧し、性差別を正当化している側面があるのです。

一人の女性への凌辱は全女性への威嚇となりえます。レイプは女性を隷属させる暴力装置であり、レイプ・イデオロギー（rape ideology）によって支えられています。レイプ・イデオロギーは、夫婦間レイプやデートレイプ、戦時・動乱時におけるレイプ、「逸脱者」による性犯罪、父親による女児虐待など、あらゆるレイプを隠ぺいし、暗に擁護さえするのです。そこでは、伝統的な法制度による抑圧、体制への責任転嫁、「逸脱者」という言い訳、家父長制による隠ぺいといったさまざまな事由が総動員され、レイプによる男性支配、女性被支配の構造が温存されていきます。

レイプとは無関係に見える、自由な個人間における性交渉もレイプ・イデオロギーの影響下にあることを忘れてはならないでしょう。ポルノグラフィやDVD、グラビア雑誌に描かれた女性蔑視の画像や映像が実際の性交渉のあり方を規定し、レイプ・イデオロギーを補強することにつながっています。

■ 合法性と正当性

誰にとっても正しいことってホントにあるのでしょうか。社会学的には、規範としての法律によって保証された正しさである合法性にしても、法律に依らない正当性にしても、共に社会と文化によって作り出されたコトに過ぎないのです。

たとえば、コンビニでの万引きを考えてみましょう。法律によって保証された正しさのことを合法性（legality）と呼びます。万引きは盗みを禁じたモーレスしかも法律を侵犯していますね。つまり合法性を欠いているのです。次に、正当性（legitimacy）とは、法律の如何にかかわらず、人びとが考える正しさのことです。万引きや盗みは間違っているのが明白であり、合法性のみならず、正当性も認められないでしょう。しかしながら、法律に定められたことだけが正しさのすべてではありません。そして、法律に定められたことがすべて正しいわけでもありません。

すでに配偶者のある相手、もしくは、配偶者以外との性愛は、日本国では不倫の愛と呼ばれています。不倫は法律には直接抵触しないものの、その文字表現のごとく不道徳と捉える人は未だ少なくないでしょう。不倫は合法性には問題がないものの、正当性を獲得しているとはいいがたいのです。加えて、法律が不正義であることもあります。かつて、女性が配偶者以外の男性と愛をむすぶことは姦通罪として禁じられていましたが、その逆は問題とはなりませんでした。戦後の刑法改正で削除されるまでは、残念ながら、法による性差別が横行していたのです。今では、合法性を喪失した姦通罪ですが、その合法性が認められていた時代であっても、姦通罪に疑問を感じていた人びとは、もちろん、存在していました。

正しさとは当該社会の多数派が採用している規範の内容です。同性同士の結婚に正当性のみならず、合法性を付与している国や地域もあります。正しさの規準は多数派と少数派とのせめぎあいによって、まさに、いまここで変貌していきます。そのため、時代や空間によって正しさが異なるのは当然のことです。どんなに神聖不可侵に見えようが、正しさとは人間が作り出した社会的そして文化的なコトに過ぎないのです。

エピローグ
旅行ですか？
そうだよ
毎年ゼミの有志で
旅行に行っているんだけど
来月に行こうと思っているんだ
わたしの親戚にプチホテルを
経営している人がいて
今回は格安で宿泊させて
くれるんだってさ
素敵！
何人まで
大丈夫なんですか？
10人くらいまでは
大丈夫だと
聞いているから
あと6人くらい
かな
あ、あの、わたしも人数に
入れてもらえているんですか？
当たり前じゃん
友だちなんだから
ありがとう
ございます

それじゃ
残り6人は
アヤさんに
集めてもらい
ましょうか
え？
わたしが？
ゼミの子を誘えばすぐに
集まるんじゃないかな
でも、わたし、そんなに
友だちいないし…
というか
今ここにいる人たちで
友だち全部だよ！
それなら、これから
友だちになれば
いいんじゃないかしら？
え？
あ、なるほど
いい
アイディアだね

そんなこと言われても無理だよ
今まで勉強してきたことを活かすチャンスだと思うけど
社会学はさまざまな場面で活用できるものだからね
商品開発やマーケティングといった仕事に応用したり
放送局や新聞社のようなマスメディアでの仕事や世論調査などにも活かせる
政治や行政に活かすことだってボランティアや抗議にだって活用できるの
社会学は、わたしたちをとりまく世界を変えることができる学問なのよ
反原発

それに、もちろん
人間関係にだって
活かせるよ
行為
フォークウェイズ
モーレス
集まり、集団
ジェンダー
地位と役割
社会化
…そうだよね
これまで勉強
してきたことを
ここで
活かしてみる

そうだよ、わたしも
手伝うからさ！
旅行は来月
なんだから
きっとうまく
いくさ

…はい
やってみます
頑張って人を
集めてみます！

――1ヶ月後
それじゃ撮るよー
はい、チーズ
写真の現像が
できたよー
わたしが社会学を
勉強するようになってから
2年が経ちました
社会学のおかげなのかは
わかりませんが、わたしは
少しずつ変わったみたいです
それでも、わたしの
社会学の勉強は
まだ続きます
あら
やっぱり
なにか写ってる…

参照文献

Goffman, Erving 著、佐藤毅・折橋徹彦 訳（1961=1985）
『相互行為の社会学』 誠信書房

Merton, Robert King 著、森東吾他 訳（1949/57=1961）
『社会理論と社会構造』 みすず書房

見田宗介 著（1966）『価値意識の理論』 弘文堂

Parsons, Talcott 著、佐藤勉 訳（1951=1974）
『社会体系論』 青木書店

Smelser, Neil J. 著、会田彰・木原孝 訳（1962=1973）
『集合行動の理論』 誠信書房

Sumner, William Graham（1906/1959）
Folkways. Dover Publications.

Sumner, William Graham 著、青柳清孝・園田恭一・山本英治 訳（1906=1975）
『フォークウェイズ』 青木書店

富永健一 著（1986）『社会学原理』 岩波書店

Weber, Max 著、清水幾太郎 訳（1922=1972）
『社会学の根本概念』（岩波文庫） 岩波書店

付　録

社会調査の方法

a.1　概念と変数

■概　念

概念というラベルを貼り、モノやコトとして切り取ることにより、複雑多様な世界を少ない情報で効率よく把握できるようになります。リンゴには、デリシャス、国光、王林といった数多くの品種があります。果物屋さんの店頭にはさまざまなリンゴが並んでいます。リンゴという言葉は、便利なことにそれらをすべて包含しています。リンゴとは、収穫前のリンゴ、磨きがかけられたリンゴ、食べかけのリンゴ、腐ったリンゴ、アヤが買ったリンゴ、リナが捨てたリンゴ、世界中に存在する何億個ものリンゴ、これから育つリンゴ、すでに朽ちてしまったリンゴ、絵に描かれたリンゴ、これらすべてを指し示すラベルなのです。このラベルを概念と呼びます。概念（concept）とは、世界の一部をある規準で切り取ったモノやコトを簡便に表現するラベルのことです。１つの概念で括られるモノやコトには、共通の属性が存在しています。バラ科の落葉高木で、薄皮下の果実部は甘酸っぱく、食物繊維やカリウムを多く含む、というように。リンゴというラベルは、それらについても瞬時に想起させることができるのです。

それでは、社会学が扱う年齢という概念を考えてみましょう。年齢はリンゴのようなモノではなく、事物の性質にかかわるコトです。年齢とは、ある人が世界に誕生してどの程度時間が経過したのかを表す指標の１つです。通例、生まれてから経過した年数を指し、表a.1のようにアヤとサキとリナは20歳、ユカは22歳ということになります。

年齢という便利なラベルを使えないと、「ある人が誕生してから～」というその内容説明や「アヤとリナは～」という個々人の状態からいちいち言及しなければなりません。概念としての年齢を使えば、リンゴの場合と同様に、年齢にかかわる付帯情報も一発でイメージさせることができますね。概念によって複雑多様な世界をより少ない情報資源で的確に把握することができるのです。

表a.1 ● 本書登場キャラクターの年齢

名前	年齢
リサ（リナの妹）	16
アヤ	20
サキ	20
リナ	20
ユカ	22

■ 変　数

概念は、適切な手続きを経て変数に変換することで、はじめて分析に活用できるようになります。科学的分析のツールである統計の枠組みに載せるため、モノやコトの複数の状態を示す変数値（value）を設定するのです。変数（variable）とは変数値を有した概念のことです。誕生からの経過年数を変数値とすれば、アヤは20歳だから変数値は20、ユカは22歳だから変数値は22です。新生児は０、還暦を迎えた人には60というように、誕生日さえ分かっていれば、世界中のすべての人の年齢に、変数値を与えることができます。通例、年齢は誕生から経過した物理的時間を年単位で小数点以下を切り捨てた整数値、つまり満年齢として操作的定義を施されます。操作的定義（operational definition）とは概念を変数にするための科学的な定義のことを指します。

表a.2 ● 本書登場キャラクターの誕生からの経過時間（3月31日時点）

変数名と操作的定義 ／ 名前と誕生日		満年齢	数え年	誕生からの経過日数
		誕生からの経過年数を小数点以下で切り捨てた整数値	誕生時に１を加え、毎年、正月に１を加えた値	誕生からの経過日数を小数点以下で切り捨てた整数値
リサ（リナの妹）	５月５日	16	17	6174
アヤ	10月４日	20	21	7483
サキ	２月14日	20	20	7350
リナ	８月８日	20	21	7540
ユカ	12月24日	22	23	8132

１つの概念について、操作的定義は複数ありえますが、研究目的に最適なものを選ばなければなりません。前述の満年齢の他に、誕生時にすでに１歳となり、毎年正月を迎えるたびに１歳ずつ加算する定義もありますね。いわゆる数え年です。農作業に伴う季節の節目を重視する伝統社会では、正月を区切りとする数え年が一般的でした。満年齢や数え年以外にも、たとえば月単位で定義し、２歳児を24ヶ月児とする表現も可能です。自然科学ではこのような定義が有用かもしれませんが、社会学では、多くの場合、満年齢を操作的定義として採用しています。年齢や世代の社会的効果を考えるとき、１年より小さな単位は無視しうることと、就学や就職などの満年齢を基盤とした現代社会の分析には、これが適切だからです。調査に際して、アヤは「7483日」、リナは「数え年で21歳」という回答は単位や定義に統一性を欠き、不便ですし、間違いのもとにもなります。操作的定義の適切さが堅実な研究の第一歩といえるでしょう。

a.2　命題と仮説

■命　題

命題で考えの筋道をひらきましょう。複数の変数の関連を示した命題を考案することで、相互行為とその集積である社会現象を解明することが可能になります。命題（proposition）とは、変数相互の関連を明示した文のことです。この文を、専門的には言明（statement）と呼んでいます。

表a.3 ● 命題の形式

変数の数	用いる変数	内容	命題としての可否
1	A	Aについて	×（単なる対象指示）
	年齢	年齢について	
	B	BはBである	×（同語反復）
	ブランド商品利用	ラ・ミィトン利用者はラ・ミィトン利用者である	
2	A　B	AはBである	○
	年齢　ブランド商品利用	20代にラ・ミィトン利用者が多い	
3	A　B　C	AはCのときにBである	
	年齢　ブランド商品利用　ジェンダー	20代女性にラ・ミィトン利用者が多い	

例を挙げてみましょう。アヤは、ゼミで高級ブランドの研究をしたいことを指導教授に相談したら、現時点でどんな命題を考えているのか聞かれ、かえって戸惑ってしまいました。「高級ブランド」とか「ラ・ミィトンについて」だけでは社会学は成立しません。命題の形で分析対象を捉える必要があるのです。

命題とは変数相互の関連を明示した言明のことですが、端的には「ＡはＢである」という形式で示されます。ここでＡおよびＢは変数を意味しています。具体的には、「20代にラ・ミィトン利用者が多い」というかたちをとります。ここでの変数は、年齢とブランド商品利用ということになるでしょう。文の中に変数同士の関連を示すことで、相互行為のあり方やその集積である社会現象とその成立を解き明かしていくわけです。

命題の条件について、さらに深く考えてみましょう。変数相互の関連ですから、命題に含まれる変数は複数でなければなりません。「Ａについて」という単なる対象指示や、「ＢはＢである」という同語反復では社会学の命題たりえないのです。命題は、この社会で人びとの相互行為がいかなる条件下で成り立ち、いかなる結果をもたらしているかを説明するものです。それは因果関係や相関関係で示されることが多いでしょう。たとえば、因果関係の視点から「AはBである」を詳しく書けば「原因Aがあるがゆえに結果Bがもたらされる」ということです。

変数が3つ以上でも命題をつくれます。年齢とブランド商品利用を用いた前述の命題に、ジェンダーという第三変数を加えて「20代女性にラ・ミィトン利用者が多い」というように直せば、さらに洗練されることもわかるでしょう。

■ 仮　説

仮説命題のことを略して仮説（hypothesis）と呼びます。すなわち、仮説は命題のかたちをとるのです。命題の段階では論理的、形式的な条件を整えることが主眼でしたが、仮説として提示する際には、その社会学的な中身が吟味されます。仮説はまず命題であらねばならないので、変数相互の関連を明示した文であるという条件を満たした上で、その命題が研究に値する内容を備えているか否かが問われるのです。

たとえば、「恋人が不慮の死を遂げた人は霊障に悩まされる」という命題は「AはBである」という命題の一般形式に沿ってはいるものの、霊や霊障というその存在自体が疑問視されている概念をうかつにも無条件、無批判に用いています。それは仮説として問題を含んでおり、このままでは研究に値しません。霊障の箇所を書き換え、「恋人が不慮の死を遂げた人は霊の存在を信じやすい」というようにしてみましょう。これならば、愛する人の死によって心に傷を負った人びとの心的症候やストレスと、その癒やしの一形態としての神秘主義の関連を問う、研究に値する有意味な仮説となりますね。

仮説は、まだ試されていない命題であることです。他の科学と同様に社会学も新たな知をこの世界に書き加えることが使命です。それゆえ、従来にはない斬新な仮説を考案したり、現在の有力学説をくつがえす画期的な仮説を提示したりすることは大切です。しかしながら、他の研究者によってすでに検討済の仮説であっても十分に研究の意義はあります。先人や高名な大家による研究であっても、不十分もしくは誤りを含んでいる可能性があるからです。その仮説が重要であるほど、異なる研究者による再検討が必要となるのです。聡明な社会学者は結論を急がず、仮説に基づき慎重に手順を踏んだ思考を大切にします。

a.3　仮説的思考の手順

■ 例　証

仮説が含む意味内容を具体的に示すことが例証であり、仮説に基づく思考の第一歩です。ただし、ここで止まれば独断に陥ります。例証（illustration）とは、仮説のもっともらしさを具体的に示すことです。

アヤは、前述の「20代女性にラ・ミィトン利用者が多い」と「高収入の女性にアルメス利用者が多い」という２つの仮説をゼミの自由発表で扱うことにしました。本格的な調査に先立って、身近にいる高級ブランド利用者に簡単なインタビューをしてみたところ、裕福なユウコの家では母親がアルメスのバッグを４点、チャネルを６着、この他にもプララのバッグやブリガルのリングなど高級ブランド商品を多数保有していることがわかりました。ただし、ラ・ミィトンは購入したことがありません。リナの場合は、バッグや財布などラ・ミィトンを５点保有、サルティエのブレスレットを１点、チャネルのバッグを１点保有していました。ユウコの家の世帯収入は数千万円を超えており、相当なお金持ちです。まさに「高収入の女性にアルメス利用者が多い」という仮説に合致するケースですね。リナは現在20歳であり、これも「20代女性にラ・ミィトン利用者が多い」という仮説に矛盾しません。

以上のような思考の手順を例証と呼びます。例証とは自らの立てた仮説のもっともらしさを具体的なケースによって例示する作業のことです。ユウコの母親とリナのケースは確かに仮説に適合的です。しかし、これだけで仮説が正しいと言い切っていいのでしょうか。例証とは仮説を検討するのに先立って、その仮説が含んでいる顕在的および潜在的な意味内容を具体的ケースによって明示することが目的です。本格的な分析に入る前の、いわば仮説の魅力や威力を披露する演出だと考えればわかりやすいでしょう。すなわち、もし、自分の主張に都合のよいケースを集め、例証だけで人を説得すれば独断に陥るということです。

■ 仮説の検証

仮説の確からしさを、クロス集計表や各種の統計値を用いて、検討することを仮説の検証（verification）と呼びます。データセットに基づき、人びとの相互行為やその集積である社会現象が仮説のとおりになっているか否かを確かめることです。ここでのデータとは偏りなく抽出され、調査されたケースのことを指し、データセットとは一揃いのデータのことを意味します。

たとえば、10代女性や20代男性などと比べて、20代女性に最もラ・ミィトン利用者が多いことがわかれば、アヤが扱う仮説「20代女性にラ・ミィトン利用者が多い」は、当該データセットにおいて、検証されたといえます。

クロス集計表でデータの分布を示してみましょう（表a.4）。仮説の検証における基本は、原因となる変数を左下（縦）に、結果となる変数を右上（横）に配置したクロス集計表です。「AはBである」という命題の基本形について、データの分布がA＝B（a≠B）かつa＝b（A≠b）であることを示せばよいのです（ここで、非A＝a、非B＝b）。このクロス集計表を見ると、20代女性においてはラ・ミィトン利用者が55％で最も多く、２番目に多い10代女性の35％に20％もの差をつけています。この表は仮想データですが、これが実際のデータセットであれば、「20代女性にラ・ミィトン利用者が多い」という仮説の検証はなされたわけですね。アヤのゼミ発表では、カイ自乗値や連関係数など統計値を算出し、さらに高度な解析へと進むことになります。

ちなみに、この仮説では、ジェンダーおよび年齢という変数を原因、ブランド商品利用という変数を結果にみたてていますが、原因を独立変数（independent variable）、結果を従属変数（dependent variable）と呼ぶことがあります。独立変数は、従属変数に時間的に先行し、従属変数となる相互行為や社会現象を統御可能であることが条件です。

表a.4 ● 年齢カテゴリー別でみた女性と男性のラ・ミィトン利用者（仮想データによる三重クロス集計表）

年齢	女性				男性				計
	ラ・ミィトン利用者		利用者ではない		ラ・ミィトン利用者		利用者ではない		
10代	35%	34	65%	64	19%	14	81%	60	172
20代	55%	56	45%	45	17%	16	83%	79	196
30代	33%	39	68%	81	15%	12	85%	67	199
40代	19%	21	81%	90	7%	6	93%	75	192
50代	9%	9	91%	95	3%	3	97%	85	192
60代	7%	8	93%	99	2%	2	98%	89	198
70代以上	1%	1	99%	102	0%	0	100%	83	186
計	23%	168	77%	576	9%	53	91%	538	1335

■ 仮説の追証

アヤは、自分のゼミ発表で仮説の検証が無事に行えたので、「仮説が正しいことが確認された」と書き記しました。しかし、指導教授に、いささか謙虚さを欠く表現だと注意を促されたのです。限りのあるデータセットでの１回きりの検証で、仮説の正しさが確認されたなどとは言うべきでないでしょう。仮説の正しさの究明は、異なるデータセットによって、複数の研究者が何度もその確からしさを検討していくことでのみ果たされるのです。これを追証（replication）と呼ぶこともあります。先行する研究者が、確かめるに値する仮説命題を考案し、それをまずデータセットで確認します。後続の研究者はその仮説を追証します。そして、異なるデータセット、異なる研究者による幾度もの追証に耐えた仮説命題が理論命題となるのです。理論命題は略して理論（theory）と呼ばれます。理論はまさに知的結晶です。忍耐強く仮説を追証し、堅実な理論に育てることが、地味ではありますが最重要な作業です。

よい研究とはどんなものでしょうか。後続の研究者が、当該仮説を確実に追証できるよう変数の操作的定義にはじまり、研究のすべての手順を詳細に書き記した学術論文こそ望ましい研究です。残念ながら初期の予想に反して、仮説が検証に至らなくとも、その失敗、その仮説が棄却される過程を詳細かつ正確に書き記す、他者に開かれた態度が求められるのです。たとえ、仮説が検証されたと主張していても、研究手順が記されておらず追証が困難な論文は、無価値、いや、むしろ有害です。

換言すれば、その論文を読めば先行する研究者の手の内がすべて見えており、当該仮説に自由に反論を加えることを可能にさせるようなものをよい研究といいます。それを反証可能性と呼びます。反証可能性を保つ知的誠実さこそが、独断を排し、社会学の知的営みを根源から支えているのです。

a.4　サンプリング

サンプリングとはデータとなるモノやコトを選び出す作業を指します。サンプリングには無作為抽出と有意抽出があります。

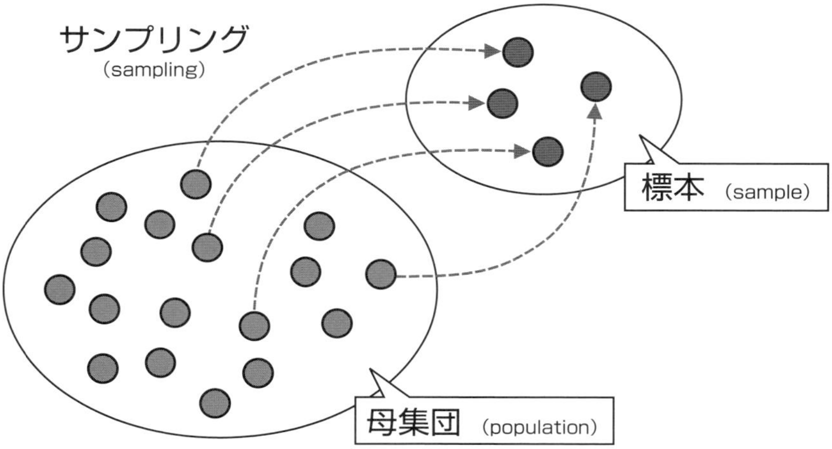

図a.1 ● サンプリングのイメージ

■ 無作為抽出

仮説の確認のためには、歪みが少ないデータセットが望ましく、母集団から偏りなく標本をサンプリングする無作為抽出が理想です。たとえば「鳥は空を飛べない」という仮説を確認するために、飛べないペンギンを1000羽集めたとしましょう。これで「鳥は空を飛べない」が確認されたわけではありません。空を飛べる鳥たちが排除されており、データセットに著しい歪みがあるからです。

偏りのないデータセットを作るためには、無作為抽出（random sampling）という方法を用いるのが望ましいですね。研究対象となる集まりを母集団（population）、選ばれる個体を標本（sample）、母集団から標本を選ぶことをサンプリング（sampling）と呼びます。無作為抽出とは母集団から作為なしにサンプリングすることです。公平なくじ引きや懸賞をイメージすればよいでしょう。単純無作為抽出と呼ばれる最も基本的な技法では、たとえば、母集団が910名、必要標本数が90名であれば、母集団に1～910番まで連番を付した上で、百の位、十の位、一の位の各々の値を、0から9の数を出せる十面体サイコロや乱数表などを用いて決めます。サイコロの目が0、7、3と出れば、73

番がサンプリングされたことになります。これを90名のデータセットが得られるまでくり返せばよいのです。

単純無作為抽出はくり返しがわずらわしいため、系統抽出（systematic sampling）という効率的な手続きが考案されています。最初の連番である初期値を決め、それ以降は初期値に一定の間隔を加算し、サンプリングしていけばよいのです。間隔は母集団を必要標本数で割った値が整数になるよう小数点以下を切り捨てます。910名から90名を選ぶ例では間隔は10となります。初期値は１以上かつ間隔より小さな整数を単純無作為抽出で決め、たとえば、４番が初期値であれば、次は14番、その次は24番となり、最後の904番までの91名がサンプリングされます。間隔算出の都合上、１名余分となりますが、これは再度、単純無作為抽出でとり除けばよいのです。必要標本数が多くなればなるほど、系統抽出の効き目が出てくることがわかるでしょう。

$V = \frac{P}{L} - R$

$= \frac{910}{90} - 0.1111\cdots = 10$

$B = S + n \times V$ (n=0,1,2…)

$= 4 + n \times 10$

4, 14, 24, … 904（計91名をサンプリング）

V: 間隔
P: 母集団の個体数
L: 必要標本数
R: P/Lの小数点以下の値
B: サンプリングされる連番
S: 初期値（1≦S<V）

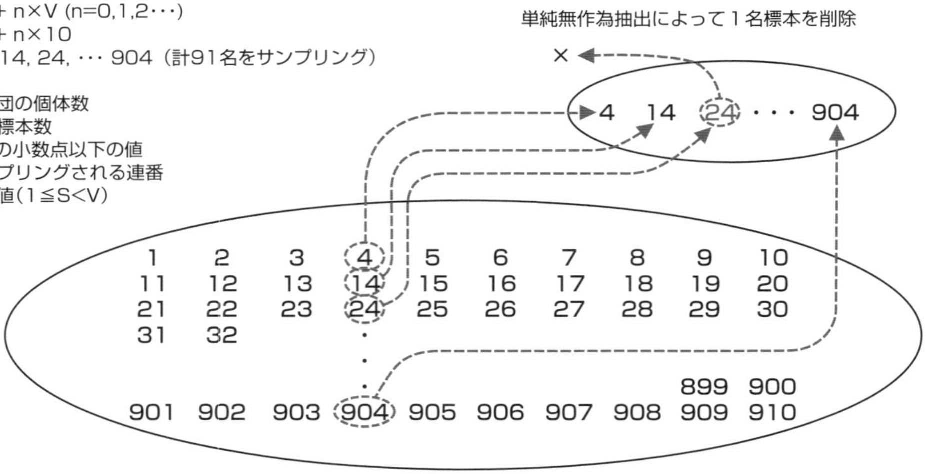

図a.2 ● 系統抽出のイメージ

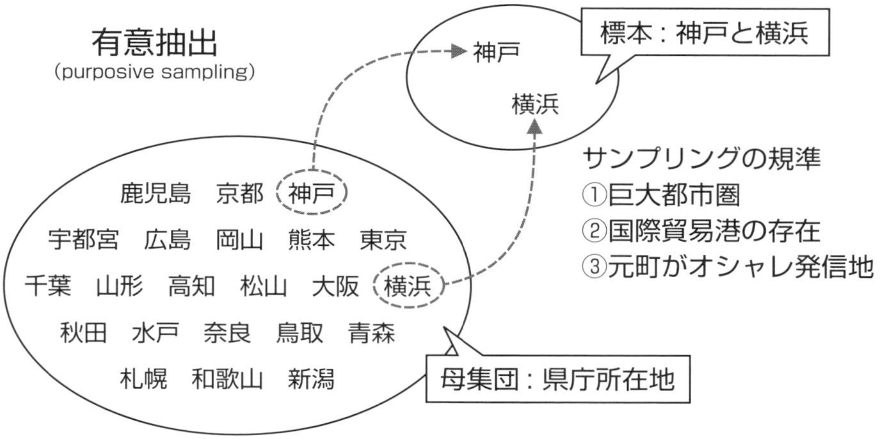
有意抽出
(purposive sampling)
神戸
横浜
標本：神戸と横浜
サンプリングの規準
①巨大都市圏
②国際貿易港の存在
③元町がオシャレ発信地
鹿児島　京都　神戸
宇都宮　広島　岡山　熊本　東京
千葉　山形　高知　松山　大阪　横浜
秋田　水戸　奈良　鳥取　青森
札幌　和歌山　新潟
母集団：県庁所在地

図a.3 ● 有意抽出のイメージ（典型法の場合）

■ 有意抽出

無作為抽出では、目的の研究対象に接近が困難な場合もあります。無作為抽出が使えない場合はどうしたらよいでしょうか。政府や新聞社などが実施する大規模調査であれば、無作為抽出を用いることは困難ではありません。全国規模で調査展開する資金やマンパワーに恵まれ、自治体が管理する選挙人名簿や住民台帳の閲覧、そこからのサンプリングも容易です。また、世論の動向や選挙の予測などを正確に行うためには、偏りのないデータセットを作ることが可能な無作為抽出を用いるのが、正当な手順でもあることも真実です。

しかしながら、費用やマンパワーに制約がある場合や研究対象の特性によっては、以下に述べる有意抽出に頼らざるをえない場合があります。有意抽出（purposive sampling）は、研究目的に合致した標本を、無作為抽出以外の方法でサンプリングする次善の策といえます。

リナは「ギャル系ファッションの若者においては、ラ・ミィトン利用とドゥレックス利用に深い関係がある」という仮説を考えました。無作為抽出でデータセットを作った場合、リナの仮説を確かめるのにはかなり無駄が生じてしまいます。日本全国から老若男女1,000名の標本を集めたとしても、ギャル系ファッションの若者はわずかしか含まれないし、その中の高級腕時計であるドゥレックス利用者はさらに少ないでしょう。このような場合には、雪玉法（snowball method）と呼ばれる有意抽出の１つの手法が有効です。図a.3の典型法も有意抽出の１つです。

まず、第一次標本としてリナの知人・友人でギャル系ファッションの若者を数名選び出します。次に、この人びとに同様な人びとを数名ずつ紹介してもらい、彼女たちを第二次標本とするのです。これをくり返せば、標本群は雪上を転がる雪玉のように増えていきますね。第一次標本を４名、各々につき紹介者を４名とすれば、第三次標本は４の３乗である64名となり、第二次標本の16名、最初の４名と併せて84名がサンプリングされます。重複や欠損が生じるため、このとおりにはならないとしても、相当数の標本を効率よくサンプリングできることがわかるでしょう。

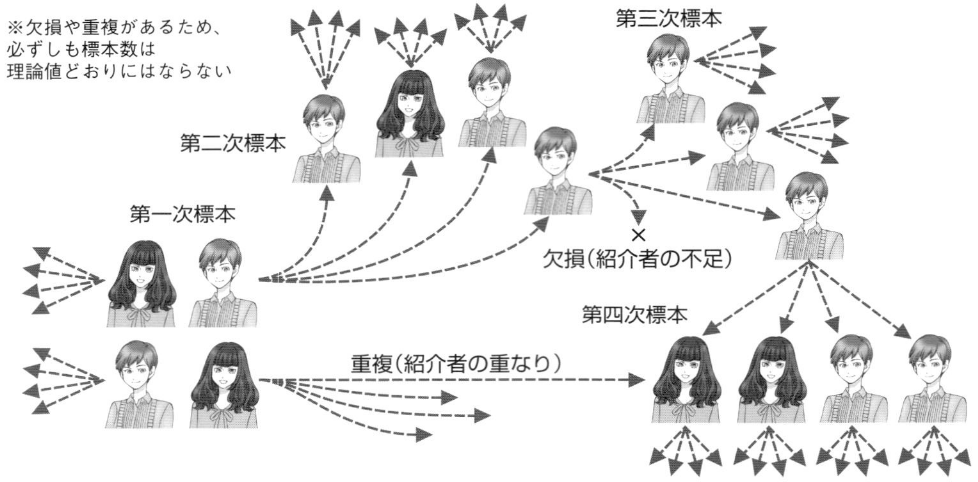

図a.4 ● 雪玉法のイメージ

a.5　質問紙調査

■ 質問紙調査の各方式

まず、質問紙調査各方式の長所短所を見極めることからはじめましょう。質問紙調査は、質問とその回答である選択肢などが記された質問紙（questionnaire）もしくは調査票を用い、すべてのレスポンデント（respondent 回答者と訳すこともある）に同じ手順、同じ内容で調査を実施することが大原則です。いわゆるアンケート調査といえばわかりやすいでしょう。質問紙調査は無作為抽出と一対となって実施されることが多く、あわせて標準化調査と呼ばれることもあります。

アヤは指導教授の口利きで、広告代理店が実施する質問紙調査の調査員アルバイトをすることになりました。調査内容を聞いてみると、ラナスイやセラガモなどフレグランスの認知度や使用歴などがテーマとなっており、アヤ自身のゼミ発表にも役立つと思ったからです。アヤが調査員アルバイトをすることになった質問紙調査は迅速な集計が求められているため、電話法と呼ばれる電話を介して質問する方式でした。より調査精度を向上させる場合は、費用はかかりますが、面接法という直接自宅などを訪問し、本人と対面しながら調査する方法があります。この他にも、個別面接はせずに配布した質問紙を後日回収する留置《とめおき》法、回収率は低くなりますが、費用を大幅に節約できる方式としては、質問紙の配布・回収を紙媒体の郵便で行う郵送法、近年ではインターネットサイトやメールで完結させるウェブ法と呼ぶべき質問紙調査も盛んに行われています。学校や職場など、一堂に会した場で一斉に回答してもらう集合法という方式もありますが、通常、調査側の都合で集まってもらうわけにはいかないので、集合法の利用可能場面は限られています。

費用の制約がなければ、訓練を受けた調査員が質問紙に回答を記していく他記式と呼ばれる面接法が、レスポンデントの本人確認がしっかりできる上に、質問文への誤解などを防ぐことができる最良な方法です。しかしながら、面接法は、近年では個人情報保護の観点から実施が難しくなっています。レスポンデント自身が記していく自記式と呼ばれる留置法、郵送法、集合法、ウェブ法は、本人確認の問題を含めて調査精度が低下するのは、どうしても否めません。電話法は他記式ですが、対面状況ではないため、その精度は自記式に準じます。

表a.5 ● 質問紙調査各方式の優劣

<table>
<tr><th>方式</th><th>記入</th><th>回答の精度</th><th>回収率</th><th>費用</th></tr>
<tr><td>面接法</td><td>他記式</td><td>◎</td><td>○</td><td>×</td></tr>
<tr><td>留置法</td><td>自記式</td><td>△</td><td>○</td><td>△</td></tr>
<tr><td>郵送法</td><td>自記式</td><td>×</td><td>×</td><td>◎</td></tr>
<tr><td>電話法</td><td>他記式</td><td>△</td><td rowspan="3">母集団がはっきり確定されないことがあるため回収率が適用しにくい</td><td>◎</td></tr>
<tr><td>集合法</td><td>自記式</td><td>○</td><td>◎</td></tr>
<tr><td>ウェブ法（ネット利用）</td><td>自記式</td><td>×</td><td>◎</td></tr>
</table>

■ 選択肢と尺度

質問紙における質問文と選択肢の形式は、変数の操作的定義を反映させる重要な働きがあり、尺度の水準とも密接にかかわっています。

アヤが手伝ったフレグランス調査では「Q１　ご存じのフレグランスのブランド名をいくつでも教えてください」という質問文がありました（図a.5）。質問文に対応する回答を選択肢（alternatives）と呼びますが、そこにはブランド名が数十個記されており、複数回答してもよい形式になっていました。これを多重回答（multiple answerもしくはmultiple response）と呼びます。そのモノやコトを広く浅く聞くことから始める場合には、多重回答が適しています。「Q４　現在最もお気に入りのフレグランスを使い始めてからどれくらい経ちますか」という質問もありました。この選択肢は「1．３ヶ月以内」「2．１年以内」「3．３年以内」「4．３年以上」というように設定されており、１つを選ばせる単一回答という形式でした。Q４で多重回答はありえませんし、もし、Q１の選択肢が単一回答ならば質問文とずれが生じてしまいます。質問文と選択肢は目的に合わせて適切に設計しなければなりません。

単一回答における選択肢の連番は、多くの場合、変数値でもあります。Q４では質問文と選択肢が、お気に入りのフレグランス使用歴という変数の操作的定義となっているわけです。１～４までの変数値では、時間経過の長さの順序は守られていますが、その間隔は均等ではありません。これを順序尺度（ordinal scale）と呼びます。意識にかかわる質問で「1．そう思う」「2．どちらともいえない」「3．そう思わない」といった選択肢が頻用されますが、これも順序尺度ですね。使用歴のより正確な値を測るために、「使い始めてから何ヶ月経ちますか」というように使用月数をそのまま数値で聞けば、順序のみならず間隔も量的に意味がある間隔尺度（interval scale）と呼ばれるさらに水準の高い尺度になります。ちなみに、変数値の間隔や順序に意味がなく名目的な値が与えられている場合は、それを名義尺度（nominal scale）と呼びます。職業や性別などは名義尺度です。

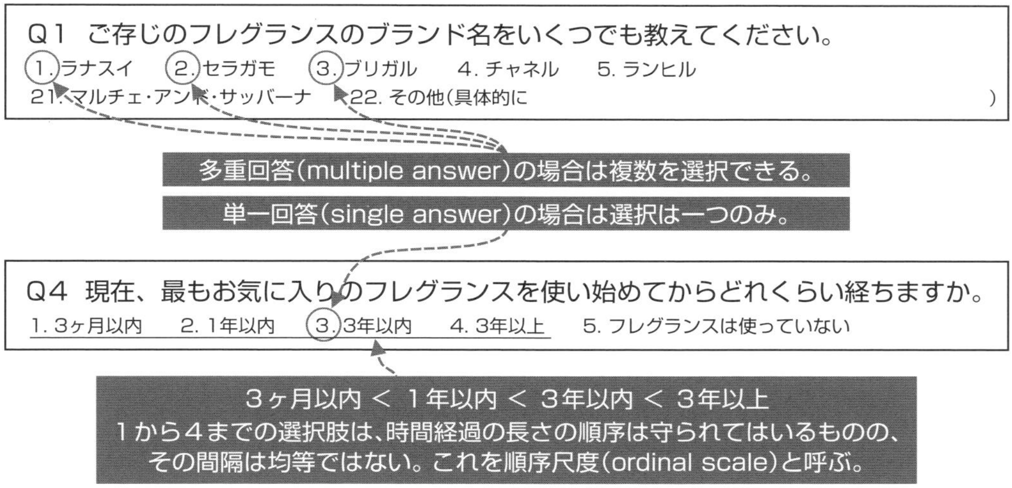
Q1 ご存じのフレグランスのブランド名をいくつでも教えてください。
1. ラナスイ　2. セラガモ　3. ブリガル　4. チャネル　5. ランヒル
21. マルチェ・アンド・サッバーナ　22. その他（具体的に　）
多重回答（multiple answer）の場合は複数を選択できる。
単一回答（single answer）の場合は選択は一つのみ。
Q4 現在、最もお気に入りのフレグランスを使い始めてからどれくらい経ちますか。
1. 3ヶ月以内　2. 1年以内　3. 3年以内　4. 3年以上　5. フレグランスは使っていない
3ヶ月以内 ＜ 1年以内 ＜ 3年以内 ＜ 3年以上
1から4までの選択肢は、時間経過の長さの順序は守られてはいるものの、
その間隔は均等ではない。これを順序尺度（ordinal scale）と呼ぶ。

図a.5 ● フレグランス調査の質問紙のイメージ

a.6　参与観察

■ 参与観察

質問紙調査では察知しにくい事柄を研究するには、集団の内側から調査する参与観察の技法が役に立ちます。参与観察（participant observation）とは、研究者が参加者として、集団の中に飛び込み、溶け込み、準メンバーとしての役割を与えられながら調査する技法です。

雪玉法によるサンプリングで選ばれた標本であるギャル系ファッションの若者たちの話を聞くことになったリナは、調査を進めるうちに大都市圏の繁華街をテリトリーとする一群の高校生たちと親しくなりました。質問紙だけでは、どうしても彼女たちの表面しか見えないのです。週末に遊ばないかと誘われたのを幸いに、高校時代の制服をクロゼットから取り出し、彼女たちと一緒に時間を過ごしてみることにしました。リナは大学生だから、いわゆる「なんちゃって」高校生ですね。リナには好奇心はもちろんのこと、まじめな調査目的があります。ギャル系高校生たちの相互行為を集団の中から観察する絶好のチャンスなのですから。このように研究対象の内側から、質問紙調査などのフォーマルなインタビューでは見えない集団の深層に迫る調査技法を、参与観察と呼びます。

リナには、一時的とはいえギャル系グループのメンバーでもあり、彼女たちの相互行

為を記述する社会学者でもあります。前者は参与観察における参加者の側面であり、後者は観察者の側面です。質問紙調査でも面接法などでは調査員とレスポンデントとの直接的接触が多少生じてくるものの、概ね観察者の立場です。それに比べて、参与観察では、参加者としての立場が観察者としての立場と同じくらいの重みがあります。集団内外を有意味かつ豊かに記述していくためには、そこでやりとりされる相互行為を、文脈と時機を逃さずに的確に捉えることが可能な場に身を置かねばなりません。高校時代の制服を着込んで出掛けたのは、傍観者としてではなく、「わたしは仲間として来たのよ」という、わかりやすい意思表示でもあるのです。それは、充実した観察を行うために、集団への関与の度合いを高める方策の１つなのです。

■ インフォーマントとレスポンデント

参与観察において、そこでの出来事の記録やスケッチ・写真、インタビュー記録などはフィールドノートブックに記され、貼り付けられます。可能な限り詳細に書き記し、日時、場所、当事者たちのわかる範囲内での呼称、もしくは氏名、性別、年齢、職業などの情報も入れることになります。その場での記録はしばしば困難ですが、鮮明な記憶が保たれている当日の夜、遅くとも翌日までには完了させたいものです。

質問紙調査の被調査者を単純に回答する人、すなわちレスポンデントと呼ぶのに対して、参与観察では有意味な情報提供者を指すインフォーマント（informant）と呼びます。レスポンデントとの接触は、同一人物に時期を変えて数回インタビューするパネル調査という技法を除いては、普通１回きりに過ぎません。しかしながら、参与観察では、通例、数週間から数ヶ月、長ければ数年から十数年にわたって、その集団内に留まって調査を続けることになります。

参与観察は、a.5で述べた質問紙調査とは対照的に、特定の集団や集まりをなす限られた少数の人びとの相互行為の自然なあり方を記していくものです。そこでの被調査者は、レスポンデントつまり一方的に研究される対象という枠を越え、時には仮説の変更を迫るような重要な情報を示唆してくれるインフォーマントつまり研究のよき協力者という存在なのです。したがって、調査許可やフィールドノートブックの公表許可を含めて、インフォーマントとの信頼関係と親和的なつながりを意味するラポールを良好にとりもつことが、成功の秘訣となるのです。こびるのでもなく、高みに立った研究者然とするのでもない、参加者と観察者の両立を可能にさせるラポールの形成が望ましいでしょう。

a.7　会話分析と内容分析

■ 会話分析

会話分析は相互行為のせめぎあいの場で構築されていくリアリティやそれを統御する諸規則を明らかにします。いま、ここで構築されていく相互行為を会話分析で解明しましょう。

会話分析は、相互行為をミクロ的視野から集中的に分析する構築主義、とりわけエスノメソドロジー（ethnomedology）と呼ばれる学派によって展開されてきました。行為者間のせめぎあいの渦中で構築されつつある相互行為は、その場で質問紙を配って測るわけにはいきません。フォーマルなインタビューである質問紙調査の限界を超えていくという点では参与観察も同様ですが、参与観察が研究対象に直に加わる参加者の主体を活かすのに対して、会話分析は、そこに生じつつある会話やふるまいといった相互行為のひとまとまりを、客体として厳密な手順によって正確に記録し、それらを明晰な技法で解明することに主眼が置かれています。

会話分析するために、まず、発話内容はもちろんのこと、言葉にならない音声などを含めて、トランスクリプトと呼ばれる会話の詳細記録を書き起こすことからはじめます(図a.6)。トランスクリプトの05ではサヤカが「だから（1）シブヤ（.）ハチコウまえだよ」と発話しています。ちなみに括弧内の数字は発話者の沈黙秒数、（.）は1秒未満の沈黙を示しています。これは04「えっ（.）イヌって」というリナの発話を受けてのことです。03の「イヌのまえでいいよね」をリナは瞬時には理解できませんでした。場所指定のあいまいさを排除するために、サヤカは若干の沈黙を挟むことでこの発話が冗長なことを暗示させつつ、待ち合わせ場所の明確化を試みているのです。その帰結として「わかったわかった」というように06ではリナは反復によって誇張しながら、諒解したことをサヤカに伝えるのです。何気なしに聞こえる日常会話も、実は、当事者間や当該社会内で共有された厳密な規則に従って構築されていることを、会話分析は解剖します。

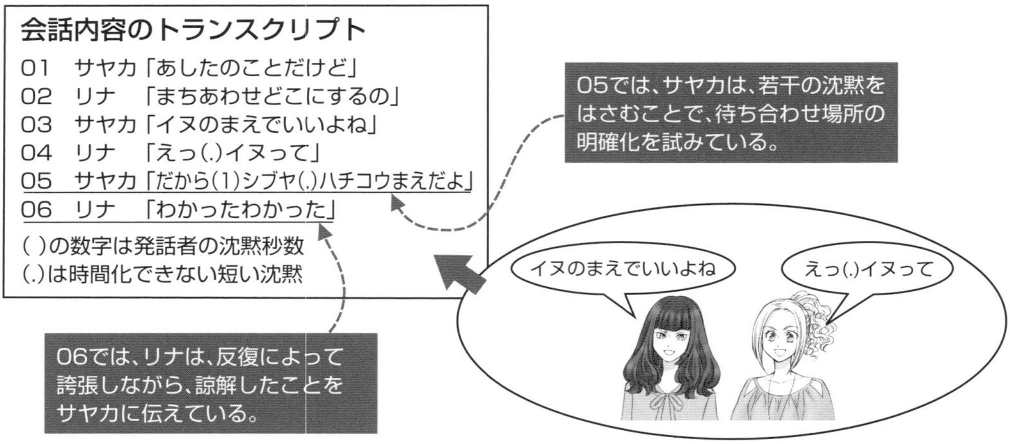
会話内容のトランスクリプト
01　サヤカ「あしたのことだけど」
02　リナ　「まちあわせどこにするの」
03　サヤカ「イヌのまえでいいよね」
04　リナ　「えっ(.)イヌって」
05　サヤカ「だから(1)シブヤ(.)ハチコウまえだよ」
06　リナ　「わかったわかった」
( )の数字は発話者の沈黙秒数
(.)は時間化できない短い沈黙
05では、サヤカは、若干の沈黙をはさむことで、待ち合わせ場所の明確化を試みている。
06では、リナは、反復によって誇張しながら、諒解したことをサヤカに伝えている。
イヌのまえでいいよね
えっ(.)イヌって

図a.6 ● 会話分析のイメージ

■ 内容分析

内容分析（content analysis）とはメッセージを系統的かつ計量的に理解する方法です。メッセージとは文字や画像、音声などの形で、ある時点ですでに記録、保存されている相互行為の断片を意味します。雑誌や新聞、メールやブログ、掲示板、日記などが具体的な研究素材となるわけです。会話分析が発話にかかわる規則の抽出など相互行為の質的側面に注目するのに対し、内容分析は、メッセージにおける特定の単語・シンボルの出現頻度や占有比率など量的および物理的側面をおもに解明します。

ギャル系の研究を進めるリナは、女性ファッション誌の内容分析を試みることにしました。まずサンプリングから始めなければなりません。比較という観点からは、含まれるファッション誌は多様な群をなしている必要があります。現代日本を代表するファッション誌という切り口ならば、たとえば、発行部数の上位から10誌を選ぶというやり方もあるでしょう。このような有意抽出は典型法（typical method）と呼ばれていますが、各誌１冊きりというのではこころもとないですね。新年度や夏休み、クリスマス、バレンタインデーといった季節効果を考慮するためには、少なくとも３ヶ月ごと１冊、１年間で４冊はサンプルとしたいところです。10誌かつ４冊いうことならば、併せて40冊が内容分析の対象となります。

記事や読者投稿における「モテる」「男ウケ」「エッチ」など特定の単語の出現頻度、TDLや渋谷など特定スポットの登場回数、占い記事の頁数、全誌面に占めるカラー頁比率、エステ・美容整形などの広告頁比率、写真中モデルの平均人数、着用しているトップス・ボトムス・アクセサリや紹介されたコスメの平均価格など、確認したい仮説に合わせてさまざまな変数を設定し、測定することになります。

a.8　信頼性と妥当性

■ 信頼性

社会調査では、確かさの規準を使い分けることが大事です。信頼性を高める努力と妥当性を保つ工夫があって、はじめて仮説の検証を堅固に行うことができるからです。

まず、確かさの規準の１つ目である信頼性（reliability）とは誰が測っても、何度測っても同じ結果が得られることです。両親は乳児のアヤを毎日抱きかかえることで体重の増減がわかったといいます。しかしながら、子育て中の親の愛情でも体重計の正確さにはかなわないでしょう。体重計は、誰が測っても、何度測っても、多少の誤差はあるにせよ、同様な結果が出るからです。それを信頼性が高いといいます。質問紙調査や内容分析などの量的な調査では、信頼性の高い変数設定が大切です。いくら無作為抽出に基づくデータセットであっても、変数の信頼性が低ければ意味がないからです。斬新な仮説に用いるオリジナルな変数設定のためには、どうしても前例のない質問や測定項目を使わねばなりません。しかし、それ以外では、先行研究で用いられ、その結果の信頼性が報告されている質問や測定項目で検証していくべきでしょう。

■ 妥当性

体重計は信頼性の高い道具ですね。しかしながら、身長を測るのに体重計を使うのはおかしいでしょう。いくら正確であっても、背の高さではない体の重さという別の変数を測っているからです。それは妥当性を欠いています。妥当性（validity）とは、本当に測りたいモノやコトを測っているか否かということです。信頼性が高そうに見える変数が、必ずしも妥当性があるとはいえないことに注意しましょう。

教授が授業中に学生に向かって「私の講義に満足していますか」と質問したとします。多くの学生は、教授の心証を害することをおそれ、「ええ満足しています」「素晴らしい講義です」といったさしさわりのない建前の回答を返すでしょう。いつ質問しても、何度質問しても、同様な回答が得られますが、これで授業満足度を測ったとはとうていいえません。参与観察、あるいは、質問紙調査であっても担当教授がいない場で行えば、「教授の声が聞き取りにくいよね」「使う資料が古くさいなぁ」といった妥当性のある本音が聞き出せるでしょう。

索　引

サ行

タ行

ナ行

ハ行

マ行

ヤ行

ラ行

ワ行

〈著者略歴〉
栗田　宣義（くりた のぶよし）
〈学　歴〉
国際基督教大学教養学部卒業、上智大学大学院文学研究科社会学専攻博士後期課程満期退学
〈学位・資格〉
博士（社会学）、専門社会調査士
〈職　歴〉
学校法人根津育英会理事、武蔵大学教授・社会学部長を経て、現在は、学校法人濱名学院理事、関西国際大学副学長
〈専門分野〉
ファッションとメイクの社会学、ポップカルチャーの社会学、理論社会学、社会学方法論
〈主な著書〉
『図解雑学 社会学』（2006年、ナツメ社）
『トーキングソシオロジー』（1999年、日本評論社）
など

●マンガ制作　株式会社トレンド・プロ／ブックスプラス
マンガやイラストを使った各種ツールの企画・制作を行なう1988年創業のプロダクション。日本最大級の実績を誇る株式会社トレンド・プロの制作ノウハウを書籍制作に特化させたサービスブランドがブックスプラス。企画・編集・制作をトータルで行なう業界屈指のプロフェッショナルチームである。

http://www.books-plus.jp/

東京都港区新橋2-12-5 池伝ビル3F
TEL：03-3519-6769　　FAX：03-3519-6110

●シナリオ　熊谷雅人（くまがい まさと）
●作　　画　嶋津蓮（しまづ れん）
●D　T　P　株式会社イーフィールド

- **本書の内容に関する質問**は、オーム社開発部「＜書名を記載＞」係宛、E-mail（kaihatu@ohmsha.co.jp）または書状、FAX（03-3293-2825）にてお願いします。お受けできる質問は本書で紹介した内容に限らせていただきます。なお、電話での質問にはお答えできませんので、あらかじめご了承ください。
- 万一、落丁・乱丁の場合は、送料当社負担でお取替えいたします。当社販売課宛にお送りください。
- **本書の一部の複写複製を希望される場合**は、本書扉裏を参照してください。

マンガでわかる社会学

平成 24 年 11 月 25 日　　第 1 版第 1 刷発行

著　　者　栗田宣義
作　　画　嶋津　蓮
制　　作　トレンド・プロ
企画編集　オーム社 開発局
発 行 者　竹生修己
発 行 所　株式会社 オーム社
郵便番号　101-8460
東京都千代田区神田錦町 3-1
電 話　03(3233)0641(代表)
URL　http://www.ohmsha.co.jp/

印刷・製本　エヌ・ピー・エス
ISBN978-4-274-06899-7　Printed in Japan

好評関連書籍

マンガでわかる統計学

高橋 信 著
トレンド・プロ マンガ制作

B5 変判 224 頁
ISBN 4-274-06570-7

マンガでわかる統計学
回帰分析編

高橋 信 著
井上いろは 作画
トレンド・プロ 制作

B5 変判 224 頁
ISBN 4-274-06614-2

マンガでわかる統計学
因子分析編

高橋 信 著
井上いろは 作画
トレンド・プロ 制作

B5 変判 248 頁
ISBN 4-274-06662-2

マンガでわかるナースの統計学
データの見方から説得力ある発表資料の作成まで

田久浩志・小島隆矢 共著
こやまけいこ 作画
ビーコム 制作

B5 判 272 頁
ISBN 4-274-06649-5

マンガでわかるデータベース

高橋麻奈 著
あづま笙子 作画
トレンド・プロ 制作

B5 変判 240 頁
ISBN 4-274-06631-2

マンガでわかる
プロジェクトマネジメント

広兼 修 著
さぬきやん 作画
トレンド・プロ 制作

B5 変判 208 頁
ISBN 978-4-274-06854-6

マンガでわかる暗号

三谷政昭・佐藤伸一 共著
ひのきいでろう 作画
ウェルテ 制作

B5 変判 240 頁
ISBN 978-4-274-06674-0

マンガでわかる宇宙

川端 潔 監修
石川憲二 著
柊ゆたか 作画
ウェルテ 制作

B5 変判 248 頁
ISBN 978-4-274-06737-2

◎品切れが生じる場合もございますので、ご了承ください。
◎書店に商品がない場合または直接ご注文の場合は下記宛にご連絡ください。
TEL.03-3233-0643 FAX.03-3233-3440 http://www.ohmsha.co.jp/